Berlitz®

Barcelone

Texte Neil Schlecht
Rédaction Virginie Renard
Réactualisation Annette Vaucanson
Photographie Mark Read
Photo de couverture Mark Read
Maquette Klaus Geisler
Direction éditoriale Carine Tracanelli

Berlitz GUIDE DE VOYAGE

Barcelone

Credits photographiques

Toutes les photographies sont de Mark Read sauf celles des pages 15 d'AKG ; 40, 79, 84, 88, 100, d'Annabel Eston ; 11, 12, 41, 58, 60, 69, 80, 86, 96, de Mike Merchant ; 25, 26, 27, 45, 49, 50, 51, 61, 62, 68, 72, 83, 95, de Neil Schlecht.

Contactez les Editeurs

Bien que l'exactitude des informations présentées dans ce guide ait été soigneusement vérifiée, elle n'en est pas moins subordonnée aux fluctuations temporelles. N'hésitez pas à nous faire part de vos corrections ou de vos suggestions à l'adresse suivante : Berlitz Publishing, PO Box 7910, Londres SE1 1WE, Angleterre. Fax : (44) 20 7403 0290 ;
e-mail : berlitz@apaguide.demon.co.uk

Imprimé à Singapour par Insight Print Services (Pte) Ltd, 38 Joo Koon Road, Singapour 628990.
Tel : (65) 6865-1600. Fax : (65) 6861-6438

ISBN 981-246-163-9

Edition révisée en 2003
1ère impression avril 1998

Le Palau Nacional (p. 65) à Montjuïc abrite des œuvres d'art médiéval parmi les meilleures de Catalogne.

L'austère Cathédrale gothique (p. 30) se dresse au cœur du vieux quartier, le Barri Gòtic.

La Fundació Joan Miró (p. 67) expose ses œuvres.

LES INCONTOURNABLES

Détail du guichet moderniste du Palau de la Música Catalana (p. 45).

Près de quatre-vingts ans après la mort de Gaudí, les travaux se poursuivent à la Sagrada Família (p. 53).

La Casa Batlló (p. 48), sur le Passeig de Gràcia, est un des ces édifices modernistes auxquels la ville doit sa réputation mondiale.

De nouvelles plages (p. 60), très appréciées des Barcelonais, sont aménagées sur le littoral.

La Rambla (p. 23) est animée à toute heure du jour et de la nuit.

Le cloître du Monestir de Pedralbes (p. 70) est un havre de paix.

Le Museu Picasso (p. 43), construit dans un ancien palais, est un des plus visités de la ville.

SOMMAIRE

Une ➤ dans le texte indique un site vivement recommandé.

En savoir plus

LA VILLE ET SES HABITANTS

Barcelone a beau n'être que la deuxième ville d'Espagne, en rivalité constante avec Madrid, elle a régné sur un empire, bien longtemps avant que l'Espagne ne vît le jour. Il y a quelque deux mille ans, les Romains, en chemin pour la conquête de la péninsule ibérique, construisirent un mur d'enceinte autour de leur avant-poste sur la côte méditerranéenne, qu'ils baptisèrent Barcino.

Aujourd'hui encore, dans le Barri Gòtic (Quartier gothique), un dédale de ruelles et de monuments du Moyen-Age, le passé glorieux de la ville demeure palpable. Mais Barcelone n'a rien d'une leçon d'histoire poussiéreuse. Au contraire, c'est une métropole dynamique, densément peuplée et d'une modernité audacieuse. Depuis qu'elle a accueilli les Jeux Olympiques d'été en 1992, la ville, capitale de la région autonome de Catalogne, s'est affirmée comme l'une des villes les plus branchées d'Europe.

Le Forum universel des Cultures aura lieu d'avril à septembre 2004. Un immense parc d'exposition, prévu pour accueillir l'événement, est en cours de construction à Diagonal Mar, au nord-est de la ville.

L'entrée de l'Espagne dans l'Union européenne en 1986 et le triomphe olympique de 1992 ont donné un nouvel élan à la ville. Autrefois sale et grise, avec un port industriel malodorant qui rejetait cette ancienne puissance maritime loin de la mer, Barcelone s'est réinventée. De nouveaux axes de circulation, impérativement nécessaires, ont été construits, des quartiers délabrés renaissent et de nombreux espaces urbains ont vu le jour, agrémentés de sculptures et

L'élégante Plaça Reial est fréquentée jour et nuit.

de verdure. Pendant les années 1980 et 1990, la ville s'est imposé, avec l'énergie qui la caractérise, un véritable ravalement. L'aéroport et les gares (notamment la Estació de França) ont été modernisés, et de nouveaux musées, salles de concert, et hôtels sont sortis de terre.

Avant tout, Barcelone s'est réorientée vers la mer. La ville embrasse à nouveau la Méditerranée. Avec son nouveau port, une des premières escales de croisière en Europe, ses plages immaculées et ses quartiers chics en bord de mer, la capitale catalane a réussi à allier les plaisirs enchanteurs de la Méditerranée à l'énergie créatrice et raffinée d'une Europe moderne.

***Dona i Ocell* (femme et oiseau), sculpture géante de Joan Miró.**

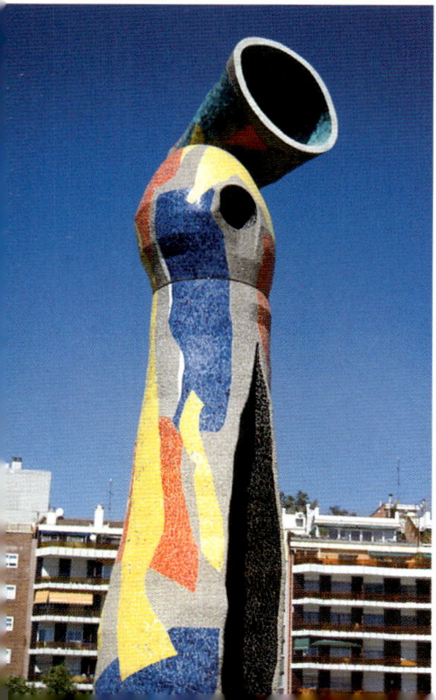

Culture catalane

Ces transformations ont accompagné la renaissance de la culture catalane, longtemps marginalisée, voire interdite par les dirigeants espagnols. La répression franquiste fut la plus impitoyable, depuis la Guerre civile de 1936-1939, pendant laquelle Barcelone était un bastion républicain, jusqu'à la mort du dictateur en 1975. Puis, en 1978, avec le Statut d'autonomie, la Catalogne a retrouvé l'essentiel de ses dispositions gouvernementales. Aujourd'hui, la Generalitat de Catalunya assure la promotion de la littérature et des arts catalans, ainsi que de la langue nationale.

C'est avec un regain de fierté également que les Barcelonais considèrent leur ville. Ils sont fiers de son architecture et de son esthétique. L'artisan principal de cette apparence est le fils le plus célèbre de la ville, Antoni Gaudí (1852-1926), un architecte excentrique et l'un des fondateurs les plus créatifs du Modernisme, l'Art Nouveau catalan. Les monuments construits par Gaudí exercent une fascination durable : sa cathédrale inachevée qui s'élance vers les cieux, la Sagrada Família, dont les flèches semblent dégouliner comme des bougies, reste le plus connu. Mais elle n'est pas la seule à Barcelone : des bâtiments ondulant comme des vagues, des toits imitant des écailles de dragon, des cheminées biscornues, etc. Et il ne s'agit pas seulement de Gaudí. A la toute fin du XIXe siècle, un groupe de modernistes, comptant Lluís Domènech i Montaner et Josep Puig i Cadafalch, dessina des édifices aussi extravagants que le permettaient leurs imaginations, mais aussi leurs riches mécènes.

Un musée vivant

Barcelone a vu s'épanouir les carrières de quelques-uns des plus grands artistes peintres du XXe siècle, notamment Joan Miró et Salvador Dalí, natifs de la ville, et Pablo Picasso, qui passa ses années de formation dans la capitale catalane avant de chercher fortune à Paris – le Musée Picasso de Barcelone abrite la plus grande collection de ses œuvres hors de Paris. Rares sont les villes aussi amoureuses de *design* que Barcelone. L'inauguration d'un musée, d'un pont ou d'un bar ultra-moderne alimente toujours des débats passionnés. Ainsi, 30 000 personnes ont visité le Musée d'Art contemporain de Richard Meier lors de son premier weekend d'ouverture, malgré le peu d'œuvres exposées. Les couples établissent leur liste de mariage dans les magasins de *design* les plus à la mode. Des lieux publics d'avant-garde sont conçus avec grand soin et, pour la plupart, financés publiquement.

Pourtant, les Barcelonais peuvent se montrer étonamment conservateurs et pragmatiques. Moteur industriel de l'Espagne, Barcelone ne plaisante pas avec l'argent et le travail. Regroupant 15% de la population d'Espagne (1,6 million dans la capitale seule), la Catalogne produit plus de 20% du PIB et un quart des exportations. Les Catalans ont la réputation d'être près de leurs sous, un compliment, si ce n'est équivoque, qui montre qu'ils savent non seulement gagner de l'argent mais aussi le gérer.

Différences linguistiques

Barcelone a toujours été considérée comme différente du reste de l'Espagne. Bien qu'il soit possible d'assister à une corrida ou un spectacle de flamenco, ce n'est pas l'endroit idéal pour des pratiques aussi espagnoles. La ville est réputée pour son indépendance et son identité tenaces. Les Catalans se sont battus pour la conservation de leur langue contre les maintes tentatives d'extinction de la Castille, puis de Franco. Surtout, ils restent persuadés que la Catalogne, plus qu'une région, est un pays à part entière. Vous verrez des gens vêtus de T-shirts proclamant que *« la Catalogne n'est pas l'Espagne »*. Vous entendrez des commerçants répondre

Sardanes et *castells*

Barcelone prend ses traditions au sérieux : le rituel de la sardane *(sardanas)*, une danse traditionnelle pratiquée tous les dimanches matin en face de la cathédrale, est presque sacré. Hommes, femmes et enfants forment alors un cercle en se tenant par la main et effectuent des pas simples en apparence mais fort structurés.

A la Toussaint ou lors d'autres jours fériés régionaux, les habitants assistent à l'édification des *castells*, de véritables tours humaines qui peuvent compter jusqu'à sept niveaux d'hommes et d'enfants.

en catalan à leurs clients hispanophones – autant de conversations bilingues, inoffensives ou politiquement marquées, selon les interlocuteurs. Nombreux sont ceux qui préfèreraient que Barcelone soit la capitale d'une nation indépendante parlant le catalan, mais la majorité laborieuse s'avoue simplement frustrée que tant de richesses produites localement profitent à Madrid.

Ne vous étonnez de rien sur la Rambla.

Toutes les considérations politiques passent à l'arrière-plan quand tout Barcelone, ou presque, descend dans la rue, avant midi ou en début de soirée. La Rambla, une belle avenue bordée d'arbres, regorge alors de gens du pays et de touristes. Des clients tapageurs sortent du bar où ils ont grignoté quelques *tapas*, ces amuse-bouches variés qui peuvent être de l'omelette, des sardines, des poulpes, des olives, du fromage et du *chorizo*, et pris un verre de vin, de bière ou de *cava* (vin pétillant). Des mimes posent pour les photographes en échange de quelques pièces, tandis que les personnes plus âgées sortent un siège pour regarder passer la foule.

A découvrir à pied

Prenez exemple sur les habitants de la ville : Barcelone se prête merveilleusement à la marche à pied. Cernée par la mer et des collines sur trois côtés, la ville descend en pente douce vers le bord de mer. Près du rivage, se trouve le Barri Gòtic et le restant de la vieille ville, un dédale de rues habitées depuis un millier d'années. Des pierres de l'ancienne cité romaine sont encore visibles, notamment dans des passages souterrains, fondations d'origine de la ville, sous le Museu d'Història de la Ciutat. Les quartiers récents s'étirent vers le nord-est, loin de la mer. Le district de l'Eixample, un damier de rues construit au XIXe siècle, se distingue par ses immeubles modernistes, ses boutiques à la mode, ses galeries, ses restaurants et ses hôtels.

Barcelone est tout aussi animée la nuit que le jour. La soirée commence par des *tapas* et un verre après le travail, repoussant le repas du soir jusqu'à une heure tardive, à la mode locale. Le dîner commence normalement à 22h, mais il n'est pas rare pour les Barcelonais de sortir manger après minuit. Dans les bars et les clubs, rien ne commence vraiment avant 2h du matin.

De la musique dans la rue à toute heure de la journée.

Tous les jours, la Rambla grouille de vie jusqu'au petit matin. Si la vie nocturne trépidante de Barcelone ne vous convient pas, une promenade avant ou après le dîner s'impose, pour voir la cathédrale, les églises, les monuments et certains édifices modernistes illuminés. Le Barri Gòtic se referme alors sur un sombre silence médiéval.

UN PEU D'HISTOIRE

Le premier nom de Barcelone aurait été Barcino, d'après Hamilcar Barca, général carthaginois et père d'Hannibal, qui établit une base sur la côte nord-est de la péninsule ibérique en 237 av. J.-C. Barcino occupait le site d'un comptoir celtibère appelé Laie, la côte ayant été colonisée auparavant par les Phéniciens et les Grecs. Mais les Romains, qui conquirent toute la péninsule ibérique, furent ceux qui laissèrent à Barcelone des vestiges indélébiles. Ils vainquirent les Carthaginois en 197 av. J.-C. et dominèrent l'Espagne pendant six siècles, y enracinant solidement la langue, la culture et les lois latines. La citadelle romaine de Barcelone, entourée d'une énorme muraille, se dressait sur l'éminence qu'occupent aujourd'hui la cathédrale et l'hôtel-de-ville (Ajuntament). Dès le Ier siècle apr. J.-C., des communautés chrétiennes s'installèrent dans toute la Catalogne.

Après le sac de Rome, les Wisigoths déferlèrent sur l'Espagne à partir de 476. De 531 à 554, ils firent de Barcelone leur capitale, avant de gagner Tolède. L'invasion maure, venue du continent africain, mit fin au royaume wisigothique en 713. La Catalogne fut brièvement occupée, mais les Maures, défaits par les Francs en 801, se retirèrent sans y conserver de position durable. Charlemagne installa ses chevaliers à la tête des provinces frontalières pour protéger le flanc méridional de l'empire franc.

Dans une Espagne maure, Barcelone et la Catalogne demeurèrent chrétiennes et liées à l'Europe, un caprice du destin qui détermina pour toujours le caractère de la contrée.

L'un de ces seigneurs féodaux, Guifré el Pelós (Wilfred le Velu), comte de Barcelone, régna sur le reste de la Catalogne,

Raimond Bérenger, à qui la Catalogne doit son drapeau.

fondant en 878 une dynastie qui dura près de cinq siècles. La Catalogne lui doit aussi son drapeau, le plus ancien encore en usage en Europe : un fond or rayé de quatre bandes rouges, que Charlemagne aurait tracées avec le sang de Wilfred sur son bouclier, après que le comte l'eut vaillamment défendu dans une bataille.

Les comtes de Barcelone proclamèrent leur indépendance en 988, quand le roi franc Louis V leur refusa son aide pour repousser les pillards maures ; cette date est célébrée comme celle de la naissance de la Catalogne en tant que nation et Etat. Un Etat qui fut bientôt agrandi par mariages et conquêtes. Raimond Bérenger III le Grand (1096-1131) prit Majorque, Ibiza et Tarragone aux Maures ; son épouse lui apporta la Provence. Son successeur, Raimond Bérenger IV, réunit en se mariant la Catalogne et l'Aragon. Son fils Alphonse II, premier roi commun aux deux royaumes et surnommé « Empereur des Pyrénées », régnait sur toute la côte méditerranéenne jusqu'à Nice.

Conquêtes et commerce extérieur

Les générations suivantes se lancèrent à la conquête du bassin méditerranéen. Jacques Ier le Conquérant (1213-76) renforça sa domination sur les îles Baléares et prit Valence. La Sicile fut annexée en 1282. Au cours du siècle qui suivit, Barcelone atteignit son apogée. Son activité commerciale s'étendit dans tout le bassin de la Méditerranée. Ses territoires comprenaient la Sardaigne, la Corse, Naples et le

Roussillon dans le sud de la France. La fin du Moyen-Age, du XIIIe au XVe siècle, fut marquée par la construction de la cathédrale et de maints palais et monuments gothiques magnifiques. A la jonction de l'Europe et des territoires musulmans, Barcelone était un carrefour naturel d'échange du savoir intellectuel et scientifique. Dans les villes catalanes, les arts s'épanouirent, parrainés par une classe puissante de marchands, de banquiers et d'artisans.

Des institutions politiques virent le jour : en 1249, le Consell de Cent (conseil municipal des cent) fut créé et en 1359, un parlement, ou Corts, de Catalogne, fut instauré, qui devint plus tard la Generalitat, le gouvernement régional.

Ferdinand et Isabelle d'Espagne accueillent Christophe Colomb.

L'Espagne unifiée

En 1469, le mariage de Ferdinand d'Aragon et de Catalogne (Ferrán II pour les Catalans) avec Isabelle de Castille réunit leurs deux couronnes, formant le noyau d'un Etat espagnol unifié. Sous les Rois Catholiques, la Catalogne devint partie intégrale de la Castille, en 1494. L'Inquisition fit alors expulser les Juifs d'Espagne, une mesure qui frappa surtout les communautés de Barcelone et de Gérone.

Au XVIe siècle, le Siècle d'Or espagnol, l'influence politique de la Catalogne et de Barcelone décrut encore.

Charles Ier, petit-fils de Ferdinand et Isabelle, monta sur le trône d'Espagne en 1516. Devenu souverain du Saint Empire Romain sous le nom de Charles Quint, il avait des responsablités européennes qui lui laissèrent peu de temps pour l'Espagne. Son fils Philippe II fit de Madrid la capitale, au détriment de Tolède.

A son retour des Amériques, Christophe Colomb fut reçu par les deux monarques au Palais royal de Barcelone. Malgré le symbolisme du geste, l'exploitation des richesses du Nouveau-Monde resta le monopole de la Castille, siège du pouvoir central.

Guerre et résistance

En 1640, la Catalogne s'autoproclama république, alliée à la France alors en guerre contre l'Espagne de Philippe IV (Guerre de Trente ans). Malgré la victoire, elle dut céder ses territoires du nord des Pyrénées à son allié français, à la suite du Traité des Pyrénées de 1659, qui détermina la frontière actuelle. Dès lors, l'histoire espagnole fut marquée par des guerres constantes, des renversements d'alliances et des querelles dynastiques, dans lesquelles Barcelone prit systématiquement parti contre Madrid.

Le pire survint lors de la guerre de Succession d'Espagne (1701-13) entre les partisans du petit-fils de Louis XIV, Philippe d'Anjou, alors âgé de 17 ans, et le prétendant des Habsbourg, l'archiduc Charles d'Autriche. Ce dernier était le favori des Catalans. Mais Philippe d'Anjou, soutenu par la France, s'imposa et devint le premier Bourbon d'Espagne sous le nom de Philippe V.

Le 11 septembre 1714, après treize mois de siège, Barcelone fut prise et mise à sac par l'armée royale, la Generalitat dissoute et les privilèges de la ville abolis. La forteresse de la Ciutadella fut construite pour la répression, et la langue catalane proscrite de l'usage officiel. Détail significatif : le 11 septembre marque la fête nationale de Catalogne, car cette défaite symbolise son esprit de résistance.

Les difficultés du gouvernement central ou les conflits extérieurs donnèrent aux Catalans maintes occasions de se soulever, quitte à subir la répression. De 1808 à 1814, l'Espagne servit de champ de bataille lors du conflit qui opposa les Anglais aux troupes napoléoniennes. Les Barcelonais s'insurgèrent contre les Français qui, en représailles, attaquèrent et détruisirent le monastère de Montserrat, lieu de pélerinage et sanctuaire national de Catalogne.

L'esprit de libéralisme qui régnait en Europe pénétra lentement en Espagne. Après de nombreux revers, une république fut proclamée, une constitution démocratique adoptée et la monarchie constitutionnelle établie en 1873. Peu de temps après, Barcelone obtint enfin le droit de commercer avec les colonies du Nouveau Monde.

Le Museu Maritím retrace la puissance maritime de Barcelone.

Industrialisation

Entretemps, la ville avait orienté ses efforts vers l'industrialisation. L'enceinte médiévale fut démolie pour faire place, dans la seconde moitié du XIXe siècle, à un élégant quartier moderne, l'Eixample, damier de larges avenues bordées d'immeubles modernistes cossus. A cette époque, de riches mécènes parrainaient des architectes tels que Antoni Gaudí et Lluís Domènech i Montaner. La prospérité se doubla d'un regain d'intérêt pour l'art et la littérature catalans, une période qui fut baptisée en catalan Renaixença (Renaissance). Briguant la reconnaissance mondiale, la ville organisa l'Exposition universelle de 1888 sur le site de la Ciutadella.

L'Arc de Triomf, bâti pour l'Exposition universelle de 1888.

Le développement de l'industrie entraîna l'apparition d'une classe ouvrière urbaine. L'agitation sociale croissante s'ajouta au ferment du régionalisme. Barcelone fut le théâtre de grèves et de violences anarchistes. Le Parti socialiste et l'UET, le plus grand syndicat d'Espagne, furent alors fondés. La cause de l'autonomie catalane reçut le soutien des industriels, qui y voyaient le moyen de se débarrasser de l'ingérence de Madrid. En 1914, les quatre provinces catalanes : Barcelone, Tarragone, Lleida (Lérida) et Girona (Gérone) se constituèrent en Mancomunitat. Elle fut dissoute en 1923 par le général Primo de Rivera, qui établit une dictature militaire et interdit le catalan.

Malgré la dictature, Barcelone se lança avec énergie dans les préparatifs d'une autre Exposition internationale. Les pavillons et des installations sportives, encore visibles aujourd'hui, furent construits sur Montjuïc. L'inauguration eut lieu quelques mois avant le krach boursier de 1929.

Guerre civile

En 1931, la République fut instaurée. Le roi Alphonse XIII partit en exil. La Catalogne obtint une charte garantissant son autonomie retrouvée, la restauration de son parlement et de son drapeau, et la reconnaissance du catalan comme langue officielle de la région.

Le soulèvement de l'armée en 1936 déclencha la terrible guerre civile. Les anticléricaux incendièrent les églises de Barcelone, résolument républicaine. La ville devint un point de ralliement pour les Brigades internationales. En 1939, elle fut une des dernières villes à capituler devant les troupes rebelles du général Franco. A la fin de la guerre, 700 000 combattants étaient tombés des deux côtés ; à ceux-ci, s'ajoutèrent 30 000 exécutions et assassinats, y compris de nombreux prêtres et religieuses, et près de 15 000 civils tués au cours de bombardements. De nombreux réfugiés quittèrent le pays.

La Catalogne paya cher la défaite : abolition des institutions régionales, rétablissement du contrôle du gouvernement central, interdiction du catalan, même dans les écoles et les églises. Longtemps, Barcelone ne reçut qu'un maigre soutien de Madrid. Néanmoins, son industrie se releva et des chômeurs affluèrent dans la région. D'immenses cités dortoirs furent construites pour les loger. Dès les années 1960, le tourisme sur la Costa Brava prit son essor, entraînant avec lui l'économie locale et amenant l'Espagne conservatrice de Franco en contact avec l'Europe moderne.

Retour à la démocratie

A la mort de Franco, en 1975, le pays avait déjà commencé à sortir de son isolement. Le couronnement de Juan Carlos, petit-fils d'Alphonse XIII, permit le rétablissement de la démocratie parlementaire et la libéralisation des mœurs et des lois. La constitution de 1978 garantit un certain degré d'autonomie aux régions indociles. Les Catalans se contentèrent du rétablissement de la Generalitat et de la restauration du catalan comme langue officielle. Pasqual Maragall, un socialiste, devint maire de Barcelone et un an plus tard, Jordi Pujol, chef du parti conservateur Convergència i Unió, fut élu président de la Catalogne.

Felipe González, un socialiste charismatique, fut Premier ministre d'Espagne de 1982 à 1986. En 1986, l'Espagne entra dans la CEE (aujourd'hui Union européenne, ou UE), accélérant ainsi la modernisation du pays. L'abolition des droits de douane au sein de l'UE et l'accueil des Jeux Olympiques de 1992 amorcèrent une importante croissance économique. Une politique urbaine radicale relança le secteur de la construction à Barcelone, qui se transforma rapidement.

Les Catalans sont très fiers de leur drapeau et de leur langue.

En 1996, le Partido Popular (Parti populaire) fut élu ; son chef José María Aznar, forma le premier gouvernement conservateur en Espagne depuis la fin de la dictature. A Barcelone, Maragall démissionna en 1997 et fut remplacé par son suppléant Joan Clos. En 1999, Maragall brigua la présidence de la Generalitat catalane, mais s'inclina face à Pujol, aujourd'hui encore en place.

Repères historiques

237 av. J.-C.	Le Cathaginois Hamilcar Barca fonde Barcino.
206 av. J.-C.	Les Romains battent les Carthaginois.
53-54	Barcelone est la capitale des Wisigoths.
711	Les Maures s'implantent en Espagne, jusqu'en 1492.
878	Wilfred le Velu ; dynastie des comtes de Barcelone.
1096-1131	Raimond Bérenger III agrandit l'empire catalan.
1213-76	Jaume I consolide l'empire et étend Barcelone.
1359	Les Corts Catalanes, Parlement de Catalogne, est établi.
1469	Les rois catholiques Ferdinand et Isabelle réunissent la Catalogne et la Castille.
1516	Le futur empereur Charles Quint devient roi d'Espagne.
1659	Les territoires catalans du nord des Pyrénées sont cédés à la France, pourtant alliée de la Catalogne.
1701-13	Guerre de Succession espagnole.
1713-14	Siège de Barcelone par les troupes de Philippe V ; la forteresse de la Ciutadella est construite.
1808-14	Guerre franco-anglaise dans la péninsule ibérique.
1888	Barcelone accueille sa première Exposition universelle.
1914	Formation de la Mancomunitat (gouverment régional).
1923	Le général Primo de Rivera instaure une dictature militaire, bannit le catalan et dissout la Mancomunitat.
1931	Le parti républicain prend le pouvoir.
1932	Autonomie accordée à la Catalogne.
1936-39	Guerre civile d'Espagne ; Barcelone reste républicaine.
1975	Mort de Franco ; Juan Carlos est couronné roi.
1978	Statut d'autonomie ; Jordi Pujol est élu président de la Generalitat, et Pasqual Maragall maire de Barcelone.
1986	L'Espagne entre dans la Communauté européenne.
1992	Jeux Olympiques d'été à Barcelone.
1997	Joan Clos devient maire de Barcelone.
2002	Barcelone prépare le Forum universel des cultures 2004.

Banesto

ITINERAIRES

Barcelone peut se visiter par quartier ou par thème. Vous pouvez par exemple choisir de voir le Barri Gòtic (Quartier gothique), la colline de Montjuïc ou le bord de mer, ou alors faire le tour des chefs-d'œuvre de Gaudí et de ses confrères architectes modernistes. N'essayez pas de tout faire en deux jours : parcourez au hasard un marché bigarré ou une rue d'antiquaires, ou jetez un coup d'œil dans une cour tranquille. Faites une pause à la terrasse d'un café, prenez le temps d'une boisson et d'un en-cas, lisez le journal ou observez la valse des gens qui passent.

Dans la vieille ville, mieux vaut se balader à pied, surtout dans les districts du vieux quartier : le Barri Gòtic, la Ribera, El Raval, les Ramblas, ainsi que l'Eixample. Pour atteindre les sites plus éloignés, comme Montjuïc, la Barceloneta et le bord de mer, Tibidabo et deux des attractions de Gaudí les plus célèbres, la Sagrada Família et le Parc Guëll, utilisez l'excellent système de transports en commun de Barcelone, que ce soit le métro, propre et efficace, les autobus, les funiculaires ou les téléphériques. Les taxis sont nombreux et peu onéreux *(voir Transports p. 125)*. Un bon plan vous sera indispensable, mais ne vous laissez pas prendre par l'impression de proximité que donnent les distances sur papier.

LA RAMBLA

Appeler **la Rambla** une rue, c'est commettre une grave injustice. L'avenue la plus connue de Barcelone, active, artistique, démocratique et bonne vivante, attire une foule venue de tous les horizons. Sans doute aurez-vous envie de goûter à ce cocktail grisant plusieurs fois pendant votre séjour.

Plaça de Catalunya, le cœur de Barcelone.

Pendant la semaine, la Rambla s'anime particulièrement juste avant l'heure, tardive, du déjeuner et en début de soirée, et à la tombée du jour le weekend. Au petit matin, elle se peuple d'un mélange curieux de vendeurs de journaux, de nettoyeurs de rue et d'écumeurs de bars, rentrant chez eux ou à l'hôtel en titubant.

La large promenade ombragée descend en pente douce sur presque 2 km, de la Plaça de Catalunya *(voir p. 52)*, au cœur de la ville, jusqu'au bord de la mer. La Rambla tire son nom d'un mot arabe désignant le lit asséché et sablonneux d'une rivière, ce qu'elle était jusqu'au XIVe siècle, quand les Barcelonais commencèrent à y construire des maisons. Comme la population du quartier augmentait, le lit fut comblé et pavé. Au nord de la Rambla (à gauche en descendant), se trouve la vieille ville, Ciutat Vella, et au sud (ou à droite), El Raval.

Pas de limite d'âge pour danser dans la Rambla de Canaletes !

Canaletes

La Rambla compte cinq tronçons ; chacun a son caractère et son nom propres, mais le passage de l'un à l'autre se fait insensiblement. En haut de l'avenue, dans la courte **Rambla de Canaletes**, dont le nom vient de la **fontaine de Canaletes**, un des symboles de la ville, se rassemble la foule venue de la Plaça de Catalu-

La Rambla de les Flors.

nya, ou sortant de la station de métro et de la gare souterraine. Pendant la saison de football, les mordus s'y regroupent le dimanche et le lundi pour commenter, avec force gestes, les matches du Barça, l'incontournable FC de Barcelone. C'est ici également que se trouvent les premiers kiosques, où des journaux et des magazines étrangers sont en vente, mais aussi des livres, car Barcelone rassemble l'essentiel du secteur de l'édition en Espagne. Les premières « statues vivantes » si populaires se tiennent généralement à cet endroit : vous y croiserez sans doute, entre autres, Christophe Colomb, un prêtre, une religieuse barbue ou un soldat romain.

Oiseaux et fleurs

La **Rambla dels Estudis** est familièrement surnommée la **Rambla dels Ocells** (des oiseaux), parce qu'elle se rétrécit pour devenir une volière en plein air où sont vendues toutes sortes de volatiles. A la fin de la journée, les vendeurs replient leurs étals de cages et les ferment comme des placards, tandis qu'à l'intérieur, les oiseaux continuent de voleter.

Les oiseaux cèdent la place aux fleurs sur la **Rambla de les Flors**, officiellement **Rambla de Sant Josep**. La foule s'y rassemble le 23 avril, jour de Sant Jordi (Saint Georges), patron de Barcelone, mais également de la Fête du Livre, car c'est aussi l'anniversaire de la mort de Cervantes, auteur de Don Quichotte. La tradition veut que les femmes donnent à

La Boqueria est le marché alimentaire le plus connu de la ville.

leur bien-aimé un livre et que les hommes leur offrent une rose. Ne manquez pas sur le trottoir de droite la délicieuse pâtisserie moderniste, **Escribà** (Antiga Casa Figueres) : ses courbes fantaisistes extérieures sont à la hauteur des friandises vendues à l'intérieur. En face de la Rambla, se dresse l'élégant **Palau de la Virreina**, achevé en 1778 pour la veuve du vice-roi du Pérou. Au rez-de-chaussée, un bureau du Service culturel municipal, où vous trouverez tickets et informations sur les expositions en cours, ainsi que pour la Ruta del Modernisme *(voir p. 115)*.

La Boqueria et le Liceu

Sur le côté droit de la rue, se trouve l'une des institutions de La Rambla : le **Mercat de Sant Josep**, aussi appelé **La Boqueria**. Ce marché couvert, à l'opulente architecture du XIXᵉ siècle, est un véritable régal pour les sens : sous ses hautes voûtes en fer forgé, les étals immenses proposent aux passants des pyramides de fruits et de légumes, des chaînes de saucisses, de grands bancs de poisson, de viande et de volaille, de l'ail tressé en chapelets, des épices, des tomates et des poivrons séchés, des confitures et des sucreries. La Boqueria constitue une communauté où clients et marchands se saluent par leur nom, où les boutades gaillardes lancées à travers les allées déclenchent les rires, et où la fraîcheur d'une *rape* (baudroie, un poisson apprécié en Catalogne) est discutée avec passion. A l'intérieur du marché et aux alentours, il y a des restaurants pour ceux que la faim ferait défaillir devant ces richesses amoncelées. Le marché ouvre avant l'aube, pour fermer en début de soirée. Faites comme les habitués et les restaurateurs : allez-y tôt le matin.

Près de la station de métro Liceu, s'ouvre le cœur animé de la Rambla, la Pla de la Boqueria, ornée en son centre d'une mosaïque de Joan Miró. Là, se dresse le **Gran Teatre del Liceu**, doyen des opéras d'Espagne et un des meilleurs d'Europe. C'est dans ce grandiose monument de la Renaixença (renaissance) catalane que Montserrat Caballé et Josep Carreras établirent leur réputation. En 1994, un incendie le détruisit entièrement. Après une extraordinaire rénovation qui a su conserver le caractère historique du bâtiment tout en l'améliorant techniquement et en doublant sa capacité totale, le Liceu a rouvert ses portes en 1999.

Le vénérable **Café de l'Opera**, de l'autre côté de la chaussée, est un café moderniste idéal où faire une petite pause et prendre un rafraîchissement avant de s'avancer sur la **Rambla dels Caputxins**. Au-delà du Liceu, l'avenue perd de son caractère, mais le spectacle de la rue y devient plus pittoresque : jongleurs, cracheurs de feu, tireuses de cartes, coiffeurs, vendeurs de billets de loterie, et artistes peignant des caricatures, des portraits ou des chefs-d'œuvre de craie sur le trottoir.

Le Café de l'Opera est une des institutions de Barcelone.

Palau Güell

Remarquez les naïfs anges peints qui planent au-dessus de l'entrée du vieil **Hôtel Oriente**, l'établissement préféré d'Ernest Hemingway à Barcelone. A l'intérieur, subsiste une partie du cloître du XVIIe siècle et du couvent franciscain. En tournant au coin de la Carrer Nou de la Rambla, juste après l'hôtel, on trouve le **Palau Güell** (visites guidées, lun-sam 10h-18h). Gaudí construisit cette demeure en 1885 pour un magnat du textile, le comte Eusebi Güell, son principal mécène. Les détails minutieux de cette demeure-forteresse mélangent le style gothique et la touche unique de l'architecte. Les visiteurs peuvent monter sur le toit voir les fabuleuses cheminées recouvertes de céramiques multicolores.

Plaça Reial

De retour sur la Rambla, traversez la rue pour vous engager dans le court passage qui conduit à la **Plaça Reial**. Cette spacieuse esplanade à arcades est agrémentée d'une fontaine, de palmiers et de lampadaires en fer forgé réalisés par le jeune Gaudí. Elle occupe, à l'instar de la Boqueria et d'autres monuments, le site d'un couvent détruit au milieu du XIXe siècle. Un peu malfamée, la place bouillonne d'activité nuit et jour, avec des bars, cafés, restaurants, clubs de jazz et boîtes de flamenco. Mais elle reste le lieu favori des drogués et des voleurs à la tire, d'où la présence continue de la police.

Prendre un verre en terrasse au soleil sur la Plaça Reial.

Ultime et bref tronçon de l'avenue, la **Rambla de Santa Mònica** part de la

Plaça del Teatre, où se trouve le Teatre Principal. Tout près, le **Centre d'Art Santa Mònica** (ouvert tlj 11h-14h et 17h-20h), aménagé dans un ancien couvent, accueille des expositions d'art contemporain. Sur la droite, le lacis de ruelles constitue le **Barri Xino** (quartier chinois). Même s'il reste préférable de ne pas s'y aventurer la nuit, certains bars anciens reviennent à la mode, tandis qu'au bar Pastís, l'ambiance n'a jamais changé.

Christophe Colomb domine le port et la ville du haut de sa colonne.

De l'autre côté de la Rambla, la Carrer d'Escudellers mène dans un quartier de cabarets, de bars et de restaurants, dont le fameux Los Caracoles, et dans le Barri Gòtic. Au bout, la nouvelle Plaça George-Orwell est devenue un point de rencontre à la mode. Plus près du port, se trouve le **Museu de Cera** (ouvert tlj 10h-20h30). Cet attrape-touristes compte quelque 300 effigies de cire. La Rambla s'achève sur la vaste Plaça del Portal de la Pau (place de la Porte de la Paix) en face du **Monument a Colom**. Cette colonne dressée en l'honneur de Christophe Colomb peut se visiter.

LE BARRI GÒTIC

Depuis ses origines, il y a plus de deux mille ans, Barcelone s'est agrandie par cercles concentriques. Tout partit d'une colline nommée Mont Tàber par les Romains, qui y édifiè-

La cathédrale se trouve au cœur du quartier gothique.

rent un temple dédié à Auguste-César, au IVe siècle, afin de protéger leur campement. Ils l'entourèrent de hauts murs de 1,5 km de long. C'est le noyau du joli quartier médiéval, le **Barri Gòtic**. Bien qu'il ne soit pas vraiment de style gothique, il présente une concentration tout à fait remarquable de palais médiévaux, de couvents et d'églises.

La cathédrale

Le meilleur endroit où commencer une visite du Barri Gòtic est la **Catedral**. Les travaux commencèrent en 1298 à l'emplacement jadis occupé par des églises wisigothiques, mais elle ne fut achevée qu'en 1892 par sa façade néo-gothique richement ornée, qui contraste avec la simplicité des tours octogonales. Les arêtes de la haute arcade se rejoignent en des clés de voûte sculptées et peintes typiquement catalanes. Au cœur de la nef, dans le splendide chœur gothique, s'alignent des stalles en bois finement sculptées. Au-dessus figurent les armoiries des rois et princes d'Europe conviés par Charles Quint à faire partie du très exclusif Ordre de la Toison d'Or. Lors du premier et unique chapitre, tenu dans la cathédrale en 1519, les sièges d'Henri VIII d'Angleterre et de François Ier de France, placés à côté de celui de l'empereur, restèrent inoccupés.

Sous l'autel, un escalier descend à la crypte d'albâtre de Sainte Eulalie, une des deux saintes patronnes de Barcelone, martyrisée au IVe siècle. Dans le mur de l'allée de droite, se trouvent les tombes du comte Raimond Bérenger Ier et de sa femme Almodis, tout deux fondateurs de la cathédrale ; ils posèrent la première pierre à cet endroit en 1058. Ne manquez pas les retables gothiques catalans dans les chapelles derrière l'autel. Le retable de la Transfiguration (XVe siècle), dans la chapelle Sant Salvador, est considéré comme le chef-d'œuvre de Bernat Martorell.

Le cloître et la chapelle

Ombragé par les orangers, les magnolias et les palmiers bruissant du gazouillis des oiseaux, le cloître constitue un havre de paix habité par treize oies, nombre qui rappelle l'âge de Sainte Eulalie quand elle mourut. Attention où vous mettez les pieds, car le sol du cloître est pavé de pierres tombales, certaines très abîmées, portant l'emblème des guildes d'artisans qui participèrent au financement de la cathédrale. Du cloître, pénétrez dans la **Capella de Santa Llúcia** (chapelle de Sainte Lucie), elle aussi pavée de pierres tombales des XIIIe et XIVe siècles. Contre un mur, se dresse le monument d'un croisé.

Quittez la chapelle par l'entrée principale, puis tournez à gauche dans la Carrer del Bisbe. En parcourant la vieille ville, levez les yeux, pour voir, çà et là, une enseigne ou une lanterne bizarre, une sculpture ou des fleurs tombant d'un balcon.

Cette passerelle sculptée n'est pas aussi vieille qu'elle paraît.

Sur la droite, une rangée de gargouilles vous regardent du haut du Palau de la Generalitat, dont la porte est richement ornée. Le pont ajouré, de style gothique, ne date que de 1929.

Au cœur du Barri Gòtic

Un peu plus bas, s'ouvre la **Plaça de Sant Jaume**, spacieuse et austère, au cœur du Barri Gòtic. Un bon mot local affirme qu'à Barcelone, il n'est pas de plus longue distance que cette place, qui sépare la Generalitat, traditionnellement conservatrice, et l'Ajuntament, le conseil municipal plus progressiste. Les deux édifices forment néanmoins un ensemble architectural harmonieux, leur façade classique masquant une origine gothique. Sachez qu'ils ne sont ouverts au public que les jours fériés ou le weekend sur rendez-vous.

Plus proche de la cathédrale, le **Palau de la Generalitat** est le plus intéressant des deux. Instituée en 1359, la Genera-

Plaça Sant Jaume, où siège le pouvoir régional et municipal.

litat détenait alors le pouvoir exécutif et répondait devant les Corts Catalanes (le parlement). Noyau de l'édifice actuel, le grand patio, en pur gothique catalan, comporte un escalier ouvert montant à une arcade que supportent de fins piliers. La superbe façade en gothique flamboyant de la **Capella de Sant Jordi** domine l'ensemble. Le **Saló de Sant Jordi**, une grande salle voûtée de la partie frontale (XVIIe siècle) du palais, est décorée de toiles murales modernes illustrant des sujets historiques.

La Plaça Sant Jaume est le point de rassemblement des grosses têtes *(gegants)*, ces gigantesques personnages royaux qui défilent lors de la fête de la Mercè, la sainte patronne de Barcelone, au mois de septembre. Vous y verrez également des *castellers* en costume traditionnel, prêts pour la construction d'une tour humaine.

L'**Ajuntament**, ou Casa de la Ciutat, qui fait face à la Generalitat, est l'hôtel-de-ville de Barcelone depuis 1372. Le Consell de Cent, un conseil de cent notables, s'y réunissait pour traiter des affaires civiles sous l'œil attentif du roi. L'entrée d'origine est visible près de l'angle gauche du bâtiment, dans la Carrer de la Ciutat. A l'intérieur, l'escalier de gauche monte à la galerie haute de l'ancienne cour et au **Saló de Cent** (salle des cent), avec son haut plafond voûté. Les bandes rouges et jaunes du drapeau catalan ornent les murs. Le conseil municipal se réunit aujourd'hui dans une salle adjacente, le **Saló de les Cròniques** (salle des chroniques), où, en haut de l'escalier de marbre noir, sont visibles les toiles modernes de couleur sépia peintes par Josep Maria Sert.

Détours charmants

Derrière l'Ajuntament, empruntez la Carrer d'Hèrcules, très courte, jusqu'à la Plaça de Sant Just pour jeter un coup d'œil à l'**église Sants Just i Pastor**. La petite place, à l'écart des sentiers battus et épargnée par les modernisations, garde la saveur du Barcelone de jadis. L'église est une des plus vieilles de la ville, encore qu'elle ait été souvent transformée. Depuis le Xe siècle, les tribunaux de Barcelone reconnaissent comme valide tout serment prononcé devant son autel.

Repartez en direction de la Plaça de Sant Jaume puis tournez à droite dans la Carrer de la Llibreteria, où se trouve El Mesón del Café, le plus ancien café de Barcelone. Un peu plus loin à gauche, sur la **Plaça del Rei**, se trouve le Musée historique de la ville, ou **Museu d'Història de la Ciutat** (ouvert mar-sam 10h-14h et 16h-20h, dim 10h-14h). L'édifice gothique fut transporté pierre par pierre à cet emplacement. Au sous-sol, des fouilles ont mis à jour des sculptures, des murs de maisons, un bassin et des cimetières, remplis de vestiges de la période romaine et des Wisigoths. Les étages supérieurs abritent des cartes de l'empire catalan et les originaux des plans du XIXe siècle qui ont abouti à la création du quartier de l'Eixample. Le musée diffuse aussi un film multimédia sur l'histoire de Barcino-Barcelone.

Une tour Renaissance austère domine la Plaça del Rei.

Plaça del Rei

Il n'y a qu'un pas du musée à la Plaça del Rei, la cour du **Palau Reial** (Palais royal, mêmes horaires et tickets que pour le Museu d'Història), que dominent la tour Renaissance du roi Martí et la Capella de Santa Agata (chapelle de Sainte Agathe). Celle-ci est réputée pour son retable de l'Epiphanie (XVe siècle), signé d'un talentueux artiste catalan, Jaume Huguet. Dans la cour, l'édifice au large escalier est tout ce qu'il reste du Palais royal de Catalogne, commencé au Xe siècle et agrandi peu à peu.

Un musicien de rue devant le Museu Frederic Marès.

Sous l'Inquisition, les hérétiques périrent sur le bûcher dans cette enceinte, et c'est ici qu'en 1493, Ferdinand et Isabelle reçurent Christophe Colomb au retour de son premier voyage. Cette entrevue historique eut probablement lieu dans le **Saló del Tinell**, construit en 1359 par Pedro « El Cerimoniós » pour les audiences royales ; les Corts Catalanes (le parlement) s'y réunirent quelquefois. La salle fut ensuite convertie en une église baroque et ne retrouva son apparence d'origine qu'après la restauration entreprise pendant et après la guerre civile. Le corps central du palais, la chapelle et le hall furent reconstruits entre 1943 et 1952. En été, des représentations théâtrales et des concerts sont donnés sur la place.

Collections extravagantes

En 1557, une ancienne aile du palais qui entoure la Plaça del Rei fut réaménagée pour y installer la résidence du vice-roi, le **Palau del Lloctinent** (Palais du Lieutenant). L'entrée, à droite en quittant la Plaça del Rei, dans la Carrer dels Comtes, est un élégant patio doté d'un superbe escalier au remarquable plafond de bois sculpté.

Un peu plus loin, flanquant la cathédrale, se trouve le **Museu Frederic Marés** (ouvert mar-sam 10h-17h, dim 10h-15h), qui possède une superbe cour. Frederic Marés, sculpteur du XXe siècle de statues patriotiques, était surtout un collectionneur acharné qui fit don à Barcelone d'une des collections les plus hétéroclites jamais rassemblées. Les niveaux inférieurs abritent des figurines votives ibériques, des coffrets émaillés de Limoges, un portail d'église roman provenant de Huesca et des sculptures religieuses. Vous y verrez aussi des jougs portugais sculptés, une pleine salle de clés en fer, des vieilles machines à coudre, des cannes, des jouets mécaniques – en bref, un catalogue interminable d'objets et d'œuvres d'art, y compris la valise, avec ses étiquettes de voyage, dans laquelle Marés transportait ses trouvailles.

Vestiges romains et ghetto juif

Revenez dans la ruelle qui longe la cathédrale, contournez-la par l'arrière et prenez l'étroite Carrer del Paradís. Là, quatre colonnes du temple d'Auguste sont encastrées dans un mur

El Call

Les Juifs de Barcelone, quoique réputés comme médecins, universitaires et joailliers, furent confinés derrière un mur dans le Call et contraints de porter de longs manteaux au capuchon marqué d'une bande jaune. Ils étaient soumis à un impôt spécial, source de revenus substantiels pour le Trésor royal. Le Call n'en fut pas moins pillé et incendié, aux XIVe et XVe siècles, lorsque les pogroms se généralisèrent. Les Juifs de Barcelone fut finalement tués, expulsés ou convertis de force au christianisme, et leurs synagogues devinrent des églises. Au n°1 de la Carrer de Marlet, une inscription médiévale en hébreu indique l'emplacement d'un hôpital fondé par un certain « rabbin Samuel Hassareri, puisse sa vie ne jamais cesser ».

de l'entrée du Centre Excursionista de Catalunya.

Derrière le Palais Royal, sur la Plaça de Berenguer El Gran, se trouve une section en bon état de la muraille romaine. Epaisses de 3,5 m et hautes de 9 m, les défenses étaient régulièrement ponctuées par des tours de 18 m de haut. Jusqu'en 1943, de vieilles maisons masquaient ce pan du mur d'enceinte.

Les écoliers brisent le silence de la Plaça de Sant Felip Neri.

Depuis l'Antiquité, la Plaça de Sant Jaume, où deux voies romaines se croisaient, constitue le carrefour principal de Barcelone. Les rues rayonnent dans toutes les directions, comme autant d'invites à explorer le Barri Gòtic. La **Carrer del Call** s'enfonce dans le dédale de rues étroites de l'ancien Call, d'où les Juifs furent expulsés en 1492. Aujourd'hui, le quartier regorge de magasins d'antiquités et de bouquinistes ; les bars sont fréquentés par des antiquaires et des artistes. Bien que le mot Call se retrouve dans plusieurs noms de rue, les vestiges du ghetto sont rares.

Vous atteindrez ensuite la charmante et minuscule **Plaça de Sant Felip Neri**. Comme elle est fermée à la circulation, le silence n'est brisé que par les jeux des enfants de l'école voisine. Pendant la Guerre civile, l'église du même nom fut criblée par les bombardements italiens ; d'autres versions maintiennent que des pelotons d'exécution y opérèrent.

Rue des antiquaires

La Baixada de Santa Eulàlia descend jusqu'à la **Carrer dels Banys Nous**, ainsi nommé d'après les « nouveaux » bains édifiés au XIIe siècle et depuis longtemps disparus.

Les immeubles de la Plaça del Pi sont ornés de motifs *sgraffito*.

Cette ruelle sinueuse suit plus ou moins le tracé de l'enceinte romaine et marque la limite officieuse du Barri Gòtic. Elle est aussi surnommée Carrer dels Antiquaris (rue des antiquaires). Restez à l'affût des enseignes peintes à la main, des fenêtres gothiques ornementées et des trésors poussiéreux qui sont exposés dans les vitrines. A certains carrefours, d'anciens panneaux de faïence marqués d'une charrette signalent les rues à sens unique.

Trio de places

Au coin, se trouvent trois ravissantes petites places. La **Plaça de Sant Josep Oriol** communique avec la **Plaça del Pi**, où se dresse la très belle église **Santa María del Pi**, avec son haut clocher octogonal et sa façade harmonieuse percée d'une grande rosace. Sur la place, est planté un *pi*, un pin de petit taille qui remplace le grand spécimen du passé. Les bâtiments affichent le style *sgraffito*, importé d'Italie au XVIIIe siècle, qui consistait à gratter des motifs sur un enduit coloré. La bourgeoisie montante de Barcelone y vit un substitut bon marché aux sculptures des demeures de la noblesse.

Ces places contiguës, avec la petite **Placeta del Pi** à l'arrière de l'église, restituent la quintessence du vieux Barcelone. Les bars, qui sortent leurs terrasses à l'ombre des arbres, attirent immanquablement les jeunes et les voyageurs, ainsi que des musiciens de rue. Le dimanche, des artistes vendent leurs tableaux sur la Plaça de Sant Josep Oriol, où le Bar del Pi sert de point de rencontre. Les samedis et dimanches, des étals vendent du miel et des produits laitiers.

La **Carrer de Petritxol**, au nord de la Plaça del Pi, est une des rues les plus caractéristiques du Barri Gòtic. Galeries d'art, magasins d'encadrement, et *granjas* traditionnelles (une bonne excuse pour quelques pâtisseries et un bon chocolat chaud) s'alignent le long de l'étroit passage. C'est au n°5 que se trouve la galerie d'art la plus ancienne et la plus connue de Barcelone, **Sala Parés**.

D'autres découvertes

Dans la Carrer de la Portaferrisa, prenez à droite pour revenir vers la cathédrale et d'autres monuments du quartier gothique. De retour sur la Plaça Nova, devant la cathédrale, vous verrez le **Col.legi d'Arquitectes** (Collège des Architectes). Les Rois Mages et les enfants aux palmes ont été gravés sur la façade des années 1960 d'après des cartons de Picasso. Trois semaines avant Noël, un marché de santons occupe le coin de la Plaça Nova. Cette « place neuve », dénommée ainsi en 1356, accueille des marchés depuis plus de mille ans. Repérez-y cet étrange personnage catalan, *el caganer*, un paysan à cape rouge accroupi pour déféquer à côté de la mangeoire. Tous les jeudis, des antiquaires installent leurs éventaires au pied de l'esca-

La Farmacia del Pi et le populaire Hôtel Jardi.

L'église Santa María del Mar a une acoustique merveilleuse.

lier que flanquent les deux tours de la muraille romaine.

L'**Avinguda del Portal de l'Angel**, une grande rue piétonnière et commerçante qui s'étire au nord de la Plaça de Catalunya, s'anime surtout pendant les *rebaixas* (soldes). Tâchez de trouver la ruelle Carrer de Montsió qui mène à **Els Quatre Gats** (les quatre chats). Ce bar-restaurant devint célèbre quand Picasso et un groupe de jeunes intellectuels, dont les peintres Ramón Casas et Santiago Rusiñol, choisirent de s'y retrouver. Picasso y tint sa première exposition publique en 1901. Le bar, qui fut l'une des premières commandes de l'architecte moderniste Puig i Cadafalch, a conservé son ambiance début XXe siècle et reste un des préférés des visiteurs de Barcelone.

LA RIBERA

Le Barri Gòtic n'a pas l'exclusivité des belles architectures gothiques et des monuments médiévaux. A l'est de la Via Laietana, une grande artère parallèle à la Rambla ouverte en 1859 pour relier le port et le centre moderne, s'étend la Ribera, un quartier plein de charme qui gravite autour du Musée Picasso et de la superbe église Santa María del Mar. La Carrer de l'Argenteria trace une diagonale directe entre la Plaça de l'Angel et l'église.

Commencée en 1329, à l'apogée de l'emprise catalane sur la Méditerranée, **Santa María del Mar** (ouverte tlj 9h-13h30 et 16h30-20h) affiche le plus pur style gothique catalan : des murs extérieurs dépouillés à l'extrême, un toit plat, une façade sobre flanquée de deux clochers octogonaux à trois étages et une grande rosace au-dessus de la porte. Les proportions et l'extraordinaire austérité de l'intérieur sont époustouflantes. Des incendies allumés pendant les émeutes de 1936, au début de la Guerre civile, détruisirent tous les ornements intérieurs, révélant la beauté nue de l'édifice. Spacieux, il est baigné d'une lumière douce filtrée par les vitraux. Les trois hautes nefs sont soutenues par de sveltes piliers octogonaux, séparés par une distance de 13 m. Les dimensions de l'église, multiples de ce nombre, créent une symétrie parfaite. Autour de l'autel, simple et moderne, les piliers s'élancent jusqu'à la cîme de l'abside. L'acoustique y est excellente ; preuve en sont les nombreux concerts organisés dans l'église et les voix du chœur de garçons pendant la messe. L'église Sainte-Marie-de-la-Mer accueille également nombre de mariages. D'ailleurs, elle risque d'être fermée au public si vous arrivez pendant une célébration.

El Born

A l'arrière, l'église donne sur le **Passeig del Born**, où les galeries d'art, les restaurants et les clubs ont remplacé les joutes médiévales. Les petites rues, autour de l'église, doivent souvent leur nom aux artisans qui y exerçaient leur activité : Sombrerers (chapeliers), Mirallers (miroitiers), Espasería

Un coin tranquille de El Born, qui s'anime à la nuit tombée.

(armuriers) ou Espartería (fabricants d'espadrilles). Aujourd'hui, le quartier est réputé ses bars branchés. Les résidents excédés accrochent des panneaux à leurs fenêtres réclamant l'instauration de temps calmes par la municipalité.

Au bout du Passeig del Born, la vaste halle de fer et de verre du **Mercat del Born**, l'ancien marché de fruits et légumes, accueillera bientôt une immense bibliothèque.

Carrer de Montcada et le Musée Picasso

Une des plus belles rues médiévales de Barcelone, la **Carrer de Montcada**, adresse des aristocrates du XIVe au XVIe siècle, est bordée de palaces gothiques, chacun doté d'une imposante porte ou d'un accès en arcade s'ouvrant sur une cour intérieure, où un grand escalier monte aux salles d'apparat du premier étage. Ces hôtels particuliers furent progressivement abandonnées après la démolition du voisinage et la construction de la Ciutadella. Le quartier déclina lentement, sans heurt, et reste aujourd'hui la partie médiévale la plus authentique de la ville.

Pablo Picasso

Le maître incontesté du XXe siècle, Pablo Ruiz y Picasso naquit à Málaga en 1881. Son père, professur de dessin, emmena toute sa famille à Barcelone, où Picasso fit preuve d'un précoce talent artistique. Il y commença ses études d'art et rejoignit un groupe d'intellectuels et d'artistes novateurs. En 1900, l'artiste alla à Paris et, quatre ans plus tard, s'y installa. Picasso ne rentra jamais à Barcelone après 1934 ; son opposition au régime franquiste lui interdisait tout retour. Pourtant, son œuvre garde un caractère profondément espagnol. A sa mort en 1973 (deux ans avant celle de Franco et la fin de la dictature), l'essentiel de sa collection personnelle fut remis en donation à l'Etat français et se trouve au Musée Picasso, à Paris.

➤ Le **Museu Picasso** (ouvert mar-sam 10h-20h, dim 10h-15h), récemment agrandi à grands frais, occupe à présent cinq palais, les deux plus récents accueillant des expositions temporaires. Le **Palau Aguilar** (XVe siècle) sert d'entrée principale. Les bâtiments furent acquis par la ville pour accueillir la collection de peintures, dessins et céramiques de Picasso, donnés par son secrétaire de toujours, Jaume Sabartés. Après l'ouverture du musée en 1963, l'artiste fit don d'esquisses et de peintures de son enfance et de sa jeunesse. Les pièces les plus anciennes remontent à la neuvième année de l'artiste. Les grandes toiles de l'adolescence, telles que *Première Communion* et *Science et charité*, d'une composition achevée, sont à la manière réaliste et moralisante du XIXe siècle. Comme son talent allait en s'affirmant, Picasso, ayant intégré le style du passé et celui de ses contemporains, partit de l'avant.

Le jeune Picasso peint par son ami Ramón Casas.

La collection rassemblée à Barcelone est la plus importante en dehors de Paris, où l'artiste vécut après avoir quitté l'Espagne. Le musée ne possède aucun des chefs-d'œuvre du maître, mais il abrite deux bons exemples de sa Période bleue (1901-04), ainsi que l'*Harlequin* (1917) et la série des *Ménines*, variation sur le chef-d'œuvre de Vélasquez, qui expose la technique novatrice et déconstructiviste de Picasso.

Des musées et des palais

De l'autre côté de la rue, le musée du Textile et du Costume, ou **Museu Tèxtil i de la Indumentària** (ouvert mar-sam 10h-18h, dim 10h-15h), occupe l'ancien palais des Marqueses de Lliò. Cette très belle demeure constitue l'écrin idéal pour exposer les élégances que goûtaient les riches familles de la rue de Montcada. La soie, le satin, la fourrure entrent dans la confection de ces costumes, brodés et cousus à la perfection. Les styles représentés vont du XIVe siècle jusqu'aux robes « garçonnes » des années 1920, en passant par des créations modernistes et de Balenciaga. Vous y verrez aussi des outils de l'industrie textile catalane du XIXe siècle.

La cour d'un des hôtels particuliers de la rue de Montcada.

Le **Museu Barbier-Mueller d'Art Precolombí** (ouvert mar-sam 10h-18h, dim 10h-15h), au 14 rue de Montcada, abrite dans un palais du XVIe siècle une intéressante collection d'art précolombien. Les cours de tous les hôtels particuliers de cette rue méritent un coup d'œil, surtout celle du **Palau Dalmases** baroque, au n°20, qui demeure constamment ouverte. Au rez-de-chaussée, se trouve un bar extravagant de style rococo, l'Espai Barroc (espace baroque). Au bout, la rue débouche sur la Plaçeta de Montcada, où le bar Euskal Etxea sert de délicieuses *tapas* basques.

Palau de la Música

Le guichet du Palau de la Música Catalana.

Au-delà de la Carrer de la Princesa, en haut de la Via Laietana, se dresse un des plus beaux monuments de l'architecture moderniste : le **Palau de la Música Catalana** (visites guidées tlj 10h-15h30). Conçu en 1908 par Lluís Domènech i Montaner, le Palais de la Musique catalane, sans doute l'expression la plus parfaite, bien que disparate, du modernisme, a été classé au Patrimoine mondial de l'Unesco en 1997. C'est une véritable explosion de mosaïques, de faïences, de vitraux, d'émaux, de sculptures et de gravures, un audacieux débordement de contours et de couleurs. L'extérieur en brique, avec ses arches maures et ses colonnes à motifs fleuris en céramique, paraît austère comparé à l'intérieur, où le moindre centimètre carré est décoré. La démolition récente des ternes bâtiments voisins permet d'apprécier la grandeur de l'édifice. A présent, un nouveau parvis et un espace de répétition souterrain sont en cours de construction.

Domènech i Montaner a veillé à laisser entrer autant de lumière naturelle que possible. En effet, le hall s'avère spacieux et clair. La structure en métal, une innovation à l'époque, a permis de construire des murs en verre. Pendant les concerts donnés dans l'après-midi, le soleil inonde la salle. De chaque côté de la scène, les riches couleurs de la décoration contrastent avec les bustes de musiciens en plâtre blanc. Entre eux, se dressent les lignes pures des tuyaux d'argent d'un orgue immense. Un mur arrondi est couvert de mosaïques représentant les muses jouant d'instruments de

L'Illa de la Discordia, l'élégance moderniste à son apogée.

musique ; leurs bustes en porcelaine semblent surgir de la paroi comme par magie. Unique salle de concert en Europe éclairée par la lumière du jour, le Palau est couronné d'une splendide verrière en vitrail multicolore. Les visites guidées du palais sont possibles depuis que l'Orchestre symphonique de Barcelone et national de Catalogne a déménagé dans le nouvel Auditori, près de Gloriès. Mais la meilleure façon de découvrir le Palau est évidemment d'assister à un concert. Les tickets sont en vente au guichet de Sant Pere Més Alt (ouvert tlj 10h-17h ; tél. 93 268 1000), sur Via Laietana.

L'EIXAMPLE

➤ L'**Eixample**, au nord de la Plaça de Catalunya, est le principal quartier commerçant de la ville. Regorgeant de superbes immeubles d'habitation datant du modernisme du début du XXe siècle, il est surnommé le **Quadrat d'Or** (carré d'or).

Les principales avenues de shopping et de balade sont l'élégant Passeig de Gràcia, version barcelonaise des Champs-Elysées, et la Rambla de Catalunya, segment supérieur de la Rambla. Dans la zone située entre la Gran Vía de les Corts Catalanes et l'Avinguda Diagonal, se trouvent la plupart des chefs-d'œuvre modernistes.

Deux des monuments emblématiques de Barcelone, la Sagrada Família, cathédrale inachevée de Gaudí *(voir p. 53)*, et le fantastique Parc Güell *(voir p. 55)*, se situent à la limite nord de l'Eixample, aisément accessible en taxi ou en métro.

Simplement baptisé « l'extension », le quartier moderne, modèle de planification urbaine rationnelle, présente un quadrillage de rues parallèles et perpendiculaires où l'extravagance de l'architecture moderniste a trouvé un terrain d'expression. Dès le milieu du XIXe siècle, Barcelone étouffait dans l'enceinte de ses murailles médiévales. Un concours de projets fut organisé en 1859 pour la création d'un nouveau quartier, entre la vieille ville et les collines de Collserola. La tâche revint à un ingénieur des Ponts et Chaussées, Ildefons Cerdà, dont les plans quintuplèrent la taille de la ville en quelques décennies. L'Exposition universelle de 1888 fournit l'occasion rêvée de montrer le nouveau visage de Barcelone.

Illa de la Discórdia

Il n'est pas de meilleur endroit pour commencer une visite moderniste que l'**Illa de la Discórdia** (îlot de la discorde). Situé à l'ouest du Passeig de Gràcia, entre la Carrer del Consell de Cent et la Carrer d'Aragó, il réunit trois bâtiments de style spectaculairement différents, conçus par trois des grands architectes du modernisme. Pour des renseignements sur les horaires d'ouverture au public, adressez-vous au bureau de la Casa Amatller ou téléphonez au 93 488 01 39 *(voir page suivante)*.

L'extérieur foisonnant de détails de la Casa Lleó Morera.

Au n°35, la **Casa Lleó Morera** (1902-06), de Domènech y Montaner, mêle éléments maures et gothiques. Cette demeure grandiose, qui fait l'angle de la rue, est celle qui a le plus souffert : le magasin espagnol d'articles en cuir Loewe a détruit plusieurs sculptures d'origine du rez-de-chaussée en installant de grandes vitrines. Le bâtiment appartient maintenant à une maison d'édition.

Puig i Cadafalch s'inspira des Flamands pour le toit à redents garni de carreaux vernissés de la **Casa Amatller** (1900), au n°41. L'Institut Amatller d'Art Hispànic, au dernier étage, détient du mobilier créé par l'architecte. Comme le bureau organisant la Ruta del Modernisme *(voir p. 115)* se trouve dans cet immeuble, vous pouvez pénétrer dans le hall d'entrée pour voir l'ascenseur d'époque et le superbe escalier. Le ticket de ce circuit donne accès à sept autres bâtiments à tarif réduit, et comprend un plan indiquant les bars, les magasins et les restaurants modernistes de la ville.

Casa Batlló

➤ A côté, la **Casa Batlló** (1904-06) s'avère caractéristique du style très personnel de Gaudí : les lignes courbes, l'association inédite de textures et de matériaux, les couleurs vives et les détails foisonnants trahissent sa signature, de même que le symbolisme religieux et nationaliste. La Casa Batlló rendrait hommage à Sant Jordi, patron de la Catalogne, terrassant un dragon. Le toit de faïence bleue ressemble au dos à écailles du monstre, et les balcons des fenêtres pourraient représenter les crânes et les os de ses victimes (ou des masques du carnaval de Venise). La croix de Sant Jordi et une hampe évoquant une lance ont l'air de transpercer le flanc du dragon. La façade est couverte de tessons d'assiette et de faïence, une technique appelée *trencadis* que Gaudí utilisa à l'envî. Il ne construisit pas la maison, mais reçut une commission en 1906 pour en réaménager l'intérieur et l'extérieur.

La Pedrera

Un peu plus haut, de l'autre côté de la rue, au n°92, se trouve la **Casa Milà** (1905-10), dite la **Pedrera** (visites guidées tlj 10h-20h), un des chefs-d'œuvre de Gaudí. La façade sinueuse, avec ses merveilleux balcons en fer forgé, fait l'angle de la Carrer de Provenca. Classée au patrimoine mondial de l'Unesco, elle fut rénovée au milieu des années 1990 pour la rendre à son lustre d'antan. Les appartements avaient subi de graves détériorations, et l'accès aux magnifiques greniers voûtés de Gaudí était condamné.

L'étage du grenier abrite maintenant un musée *high-tech*, l'Espai Gaudí, qui expose les œuvres de l'architecte. En 1999, un des appartements d'origine, tout en formes étranges, avec des boutons de porte faits main et des détails à foison, a été garni de mobilier d'époque (plusieurs pièces sont signées de Gaudí lui-même), et ouvert au public pour la première fois.

Les fenêtres ondulées de la Casa Batlló, signées Gaudí.

Les toits et les cheminées de la Pedrera au soleil couchant.

La Pedrera est dotée d'un des premiers garages souterrains au monde qui, transformé en amphithéâtre, accueille aujourd'hui des conférences culturelles. Le propriétaire actuel, la Fundació Caixa de Catalunya, a aménagé le deuxième étage en un somptueux espace d'exposition accueillant de superbes événements.

Mais le toit ondulé reste considéré comme le point fort de la Pedrera, avec ses cheminées « épouvantails à sorcières » et sa vue splendide sur la ville, jusqu'à la mer. Les weekends d'été, des soirées cocktails et jazz s'y tiennent de 20h à minuit.

Modernisme omniprésent

➤ Sur le **Passeig de Gràcia**, même si vous devez souvent lever les yeux, ne manquez pas pour autant de regarder les trottoirs : les hexagones de faïence rose et turquoise sont aussi une création de Gaudí, tandis que les bancs en mosaïque et les réverbères de fer ornés de petites chauves-souris (1900) sont de Pere Falqués.

L'Eixample en entier est marqué du sceau des modernistes. Ainsi dans les rues à l'est du Passeig de Gràcia : Diputació, Consell de Cent, Mallorca, València, jusqu'au Mercat de la Concepció (marché de la Conception). Dans la vieille ville, vous tomberez sur de merveilleuses devantures modernistes, comme la Filatèlia Monge, un magasin de timbres dans la Carrer dels Boters, l'Antigua Casa Figueras, une boulangerie sur la Rambla, ou encore la splendide salle-à-manger de l'Hôtel España dans la Carrer de Sant Pau.

Et si Barcelone vous donne le virus du *design*, deux excellents magasins valent le détour, autant pour leur marchandise que pour les magnifiques bâtiments qui les abritent : **B.D. Ediciones de Dinseño** (Mallorca 291) et **Vinçon** (Passeig de Gràcia 96), dans l'hôtel particulier qui appartenait jadis au peintre contemporain de Picasso, Ramón Casas.

En plus de ses joyaux du modernisme, le Passeig de Gràcia a la faveur des promeneurs, avec ses terrasses de cafés, ses cinémas, ses galeries marchandes, ses librairies, ses maroquineries et ses belles boutiques de mode. C'est aussi là que se trouve, entre autres, un magasin Zara, de la chaîne espagnole de vêtements mondialement connue pour ses articles jeunes et bon marché. Enfin, l'avenue et ses alentours comptent certains des meilleurs hôtels de Barcelone.

Le modernisme

Le modernisme, un mouvement artistique lié aux styles en vogue en Europe à la fin du XIXe siècle (Art Nouveau en France, Jugendstil en Allemagne et Autriche), se rebellait contre les formes rigides et les matériaux incolores (pierre et plâtre) de l'architecture classique. A Barcelone, ce style nouveau prit une tonalité nationaliste, ce qui explique peut-être pourquoi il est resté en si bon état. Bien qu'il y ait eu toute une école moderniste à Barcelone de la fin du XIXe xiècle aux années 1930, souvent, seuls les « trois grands » sont mentionnés : Antoni Gaudí, qui marqua la ville de son empreinte personnelle (Sagrada Família, Parc Güell, Pedrera) ; Llúis Domènech i Montaner (Palau de la Música Catalana et Casa Morera) ; et Josep Puig i Cadafalch (Casa Amatller, Casa Terrades et Els Quatre Gats).

Au détour des avenues

Le Passeig de Gràcia part de la **Plaça de Catalunya**. Prévue comme carrefour principal de la ville, elle manque pourtant de caractère. Les réseaux de bus et métro, et les lignes ferroviaires nationales et régionales s'y croisent. Le grand magasin El Corte Inglés occupe le côté nord.

La Rambla de Catalunya, parallèle au Passeig de Gràcia, est un prolongement des ramblas de la vieille ville. L'ambiance y est très différente : plus calme, son allée centrale piétonnière n'est que peu fréquentée par les touristes, et les magasins de souvenirs brillent par leur absence. Ouverte à la circulation routière dans les deux sens, elle est bordée de cinémas, de jolies boutiques, de bars à *tapas* et de restaurants.

Dans la Carrer d'Aragó, entre le Passeig de Gràcia et la Rambla de Catalunya, se trouve la **Fundació Antoni Tàpies** (ouverte mar-dim 10h-20h), une galerie consacrée au plus grand artiste vivant d'Espagne, du mouvement matérialiste abstrait. En plus des œuvres de la collection permanente de Tàpies, d'intéressantes expositions temporaires y sont organisées. Mais la fondation vaut le détour ne serait-ce que pour ses locaux modernistes signés Domènech i Montaner. Construit en 1886 pour la maison d'édition Montaner i Simón, ce superbe immeuble constitue un des premiers exemples du modernisme ; il paraît dépouillé comparé à la Casa Batlló, toute proche. A l'extérieur, de l'autre côté de la rue, la sculpture fantasque en fil de fer de Tàpies, *Núvol i Cadira* (nuage et chaise), est visible sur le toit.

La scupture de fil de fer de Tàpies, *Núvol i Cadira*.

La Sagrada Família

Ce que la Tour Eiffel est à Paris et la Statue de la Liberté à New York, les flèches de la **Sagrada Família** (ouverte tlj 9h-20h mai-sept et 9h-18h oct-avr) le sont à Barcelone. Ses contours acérés dominent l'horizon. Pourtant, les huit tours vertigineuses ne constituent que l'ébauche d'une cathédrale commencée en 1882 et encore bien loin d'être achevée. Ce fut l'ouvrage le plus important d'Antoni Gaudí, même s'il ne comptait pas le terminer de son vivant.

Les tours et les grues de la Sagrada Família.

Aussi original soit-il, le projet de la Sagrada Família n'a pas été lancé par Gaudí. Il acheva d'abord la crypte commencée par un précédent architecte puis supervisa les travaux du Portail de la Nativité à l'est, d'une tour et d'une partie de l'abside et de la nef. Chaque élément a un sens et porte un nom. Nul espace n'est laissé vacant. Les trois portes, représentant la Foi, l'Espérance et la Charité, foisonnent de sculptures évoquant, au milieu des chœurs et des orchestres angéliques, la naissance et l'enfance de Jésus, la Fuite en Egypte, le Massacre des Innocents, le Calvaire, etc. La cathédrale devait englober tous les aspects de la foi. Douze tours, quatre à chaque portail, devaient représenter les Apôtres ; les quatre plus hautes, les Evangélistes ; le dôme surmontant l'abside, la Vierge ; et la flèche centrale, le Sauveur.

Pendant des années, l'église demeura telle qu'elle était à la mort de Gaudí, mais une fondation s'efforce maintenant de terminer l'édifice – une tâche rendue difficile par l'absence de plan détaillé laissé par Gaudí. Il est possible de monter au sommet d'une des tours, en ascenseur ou par l'étroit escalier en colimaçon, pour une vue d'ensemble sur le chantier. A l'ouest, le Portail de la Passion et ses tours, en travaux depuis 1952 sous la direction de Josep Maria Subirachs, ne font pas l'unanimité. En revanche, personne ne nie que le style du sculpteur japonais Etsuro Sotoo, qui travaille sur la façade de la Nativité, respecte au plus près celui du maître.

Nombreux sont ceux qui auraient préféré que l'édifice fût laissé en l'état à la mort de Gaudí, en hommage au génie de l'architecte. Mais les travaux se poursuivent, sous la direction de Jordi Bonet Armengol, fils d'un des ouvriers de Gaudí. Quand la cathédrale sera-t-elle achevée ? Nul ne sait. Pour le moment, la grâce des flèches reste gâchée par la présence permanente des échaffaudages et des grues.

Antoni Gaudí

Personne n'a laissé d'empreinte aussi marquée sur une ville qu'Antoni Gaudí à Barcelone. Un industriel du textile, le comte Eusebi Güell, fut son fidèle et patient mécène, un homme capable d'accepter ses idées les plus excentriques. Le Palau Güell, commencé en 1885, annonce maints aspects de l'œuvre de Gaudí.

En dépit de toutes ses innovations, Gaudí était profondément religieux et conservateur. Il mourut en 1926 à l'âge de 74 ans et fut enterré dans la crypte de la Sagrada Família. Les dernières années, obsédé par son projet, il vécut sur le chantier même. Quand des passants découvrirent le corps de l'architecte, renversé par un tramway, ils crurent que c'était un clochard. Les médecins de l'hôpital durent l'identifier. Toute la ville assista à ses funérailles.

Parc Güell

A quelques pas de la Sagrada Família, l'Avinguda de Gaudí conduit à l'étonnant **Hospital de la Santa Creu i Sant Pau**, conçu par Domènech i Montaner et achevé par son fils. L'ensemble des bâtiments, toujours en service, constitue une des réalisations du modernisme les plus sous-estimées et les plus méconnues. Les visiteurs peuvent flâner dans le parc et admirer l'architecture de l'extérieur.

L'Hospital de la Santa Creu i Sant Pau, une réalisation méconnue.

Plus au nord, dans un quartier ouvrier à flanc de colline, le **Parc Güell** (ouvert tlj 10h-20h mar-oct, 10h-18h nov-fév) présente un autre condensé de l'esprit inventif de Gaudí. Inachevé, c'est un endroit merveilleux à découvrir, mi-parc, mi-pays fantastique. En 1900, le comte Güell acheta ces six hectares et donna carte blanche à Gaudí pour qu'il en fasse quelque chose d'original. Ce dernier imagina une cité-jardin, en totale communion avec la nature.

Pendant quatorze ans, il y travailla par intermittences, prenant manifestement plaisir à la tâche. Depuis l'entrée, dans la Carrer d'Olot, flanquée d'une loge en « pain d'épice » et d'un portail en fer forgé, aux galeries ruisselant de concrétions, en passant par le lézard multicolore crachant un filet d'eau et les colonnes imitant des troncs d'arbres, Gaudí s'en est visiblement donné à coeur joie. Les plafonds sont décorés de têtes de poupées, de tessons de bouteilles, de verres et d'assiettes encastrés dans les mosaïques.

Le banc incrusté d'éclats de faïence colorée, ces *trencadis* que Gaudí affectionnait, ondule autour de l'esplanade. Soutenu par 86 colonnes doriques, le **Saló de les Cent Columnes** (salle des cent colonnes) devait accueillir un marché couvert. Seules cinq de ses pavillons furent achevés, dont un que Gaudí occupa pendant longtemps. Il abrite à présent la **Casa-Museu Gaudí**, (ouvert dim-ven 10h-14h et 16h-19h) où sont exposés son mobilier et d'autres souvenirs.

LE BORD DE MER

Les Golondrinas (hirondelles) constituent une des attractions les plus populaires du bord de mer. Ces ferries ancrés en face du monument à Colomb font visiter le port de Barcelone depuis l'Exposition universelle de 1888.

Au XIXe siècle, Barcelone tourna le dos à la mer pour se consacrer davantage à l'industrie. La digue, promenade favorite des familles lors des étouffantes soirées d'été, fut démolie. Entrepôts et voies de chemin de fer vinrent obstruer l'accès à la mer et la vue même. L' expansion se poursuivit vers les hauteurs. La Barceloneta, quartier créé au XVIIIe siècle entre le port et la plage dans le cadre d'une initiative militaire, resta habitée par une classe étroitement liée d'ouvriers. Mais tout a changé avec la construction d'une ambitieuse aire de commerce et de loisirs en front de mer.

Patrimoine maritime

Commencez votre tour du bord de mer au Monument a Colom, au pied de la Rambla. A droite, en face de la Duana Nova, les **Reials Drassanes**, commencées en 1255, sont le dernier chantier naval médiéval. Il abrite maintenant le

Museu Marítim (ouvert mar-dim 10h-19h). Des seize cales, qui pouvaient accueillir plus de trente navires à la fois, partirent les vaisseaux qui étendirent la domination catalane sur toute la Méditerranée. Le musée possède des modèles réduits de ces galères ainsi que ceux de paquebots dont Barcelone reste le port d'attache. La copie grandeur nature du *Reial*, vaisseau amiral de la flotte qui remporta la victoire contre les Turcs à la bataille de Lépante (1571), constitue le clou de l'exposition. Le musée a également restauré un cargo du début du XXe siècle, le *Santa Eulàlia*, qui, amarré dans le port, peut être visité.

Port Vell

De l'autre côté du Passeig de Colom, la **Rambla del Mar**, une jetée en bois ondulée construite en extension des Ramblas, franchit le **Port Vell**. Elle conduit au Moll d'Espanya

Le magnifique Port Vell, très fréquenté depuis la restauration.

puis au centre commercial **Maremàgnum**, avec son cinéma Imax, ses nombreux magasins ouverts tard le soir, ses discothèques, ses restaurants et ses bars. La tendance y est plutôt à la restauration rapide, mais Maremàgnum reste un bon endroit d'où observer l'activité portuaire. L'**Aquàrium** (ouvert tlj 9h30-21h), un des plus grands d'Europe, est réputé pour son étonnant tunnel de verre au fond de la mer.

Les bateaux du Yacht Club Royal, les paquebots de croisière et les ferries pour Majorque constituent l'essentiel du trafic portuaire. Au-dessus, le téléphérique relie Montjuïc à la Torre de Sant Sebastià, dans la Barceloneta, via la Torre de Jaume I. Au bout du Moll de Barcelona, le **World Trade Centre**, un gratte-ciel de bureaux conçu par I. M. Pei, l'auteur de la Pyramide du Louvre à Paris, semble flotter sur le port.

A terre, le **Moll de la Fusta** est en cours de redéveloppement, l'aménagement réalisé dans les années 1980 n'ayant pas rencontré le succès escompté. Planté de palmiers et bordé de restaurants, il a souffert de la proximité de l'autoroute Ronda Littoral. A la jonction du Moll d'Espanya et de la promenade, se dresse la sculpture multicolore de Roy Lichtenstein, *Barcelona Head.*

La sculpture multicolore de Lichtenstein, *Barcelona Head.*

Continuant en direction de la Barceloneta, vous atteindrez la **Marina Port Vell**, transformée en un luxueux port de plaisance. Sur le **Moll de la Barceloneta**, se dresse le **Museu d'Història de Catalunya** (ouvert mar-sam 10h-19h, mer 10h-20h, dim 10h-14h30). Tout le long du Passeig Joan de Borbó, s'alignent nombre de restaurants avec terrasses.

LA BARCELONETA

On peut manger dehors au soleil dans le Port Olímpic.

La Barceloneta n'est pas, comme son nom le suggère, une « petite Barcelone ». Séparée de la ville autant par l'esprit que par les barrières physiques de l'eau et des voies ferrées, la Barceloneta vit le jour au XVIIIe siècle pour loger les familles de pêcheurs expulsées de La Ribera, quartier démoli pour faire place à la forteresse de la Ciutadella. C'est là qu'il faut aller pour manger de l'excellent poisson, même si les anciens *chiringuitos* (gargotes) ont été rasés en préparation des Jeux Olympiques de 1992, quand le quartier a été entièrement reconstruit.

Vous pouvez parcourir le dédale de rues étroites ou suivre la plage jusqu'au **Passeig Marítim**, planté de palmiers, et la **Platja Barcelona**, dont les promenades en bois et les plages de sable scrupuleusement entretenues attirent Barcelonais et touristes. La plage et la promenade, ravagées par les tempêtes de 2001, ont été entièrement réaménagées.

Le village olympique

En continuant à marcher, vous arriverez bientôt dans le village olympique de 1992, la **Vila Olímpica**. Ce superbe développement urbain s'est épanoui en un quartier animé, très prisé des jeunes ménages et des professions libérales. On le

Les plages sont fréquentées par les Barcelonais et les touristes.

repère de loin grâce à ses deux tours, l'une abritant le prestigieux Hôtel Arts, et l'autre reposant sur l'énorme poisson de cuivre scintillant de Frank Gehry. Plus loin, après un petit parc, l'immaculé Hospital de Mar et le château d'eau moderniste de Jose Domènech i Estapà, le nombre de bars et de restaurants va croissant le long de la promenade. Là et dans ➤ le **Port Olímpic**, quelques endroits valent le coup d'y manger. Mais ce coin rendu agréable par la présence des plages et des bateaux tend à devenir trop commercial.

Au-delà du port olympique, le réaménagement continue. Les plages de sable immaculé s'étendent jusque là, et les anciennes usines du quartier du **Poble Nou** ont été transformées en studios et appartements. Plus loin, **Diagonal Mar**, un projet qui prévoyait de faire descendre l'Avinguda Diagonal jusqu'à la mer, a donné naissance un nouveau quartier, obtenu en rasant les vieux édifices et en aménageant les terrains vagues. Pas encore terminé, il progresse rapidement.

Un parc zoologique, des surfaces d'exposition et un port sont en construction en vue du Forum International des Cultures qui doit s'y tenir en 2004.

Parc de la Ciutadella

Compris entre le Port olympique et le district de La Ribera, le **Parc de la Ciutadella**, le plus grand de la ville, comprend le **Parc Zoológic** (ouvert tlj 10h-19h mars-sept, 10h17h oct-fév). Il occupe l'emplacement de l'ancienne forteresse, qui fut construite après la reddition de Barcelone aux troupes de Philippe V en 1714.

Site de l'Exposition universelle de 1888, ce joli parc arbore encore les splendides bâtiments modernistes construits pour l'occasion : ils abritent aujourd'hui les Musées de Géologie et de Zoologie, le Musée d'Art moderne et le siège du Parlement catalan. La grande fontaine baroque, **La Cascada**, est une création de Josep Fontseré, dont l'assistant était alors un jeune étudiant en architecture du nom de Gaudí…

Malgré son nom, la majeure partie du contenu du **Museu d'Art Modern** (ouvert mar-sam 10h-19h, dim 10h-14h30) abrite une belle collection d'œuvres catalanes du XIXe et du début du XXe siècle. A voir, quelques toiles de Santiago Rusiñol et de Ramón Casas, ainsi que la collection de mobilier et d'arts décoratifs de l'époque.

La fontaine du Parc de la Ciutadella fut dessinée par Gaudí.

Du parc, une large promenade passe près du vieux **marché Santa Catalina** et débouche sur l'imposant **Arc de Triomf**, en briquetage de style maure, conçu par Josep

Vilaseca, qui marquait l'entrée de l'Exposition. Du côté maritime du parc, entre la Ribera et le port, se trouvent la grande gare **Estaciò de França**, récemment rénovée, le **Correus**, l'immense bureau de poste sculpté, et la **Llotja** (visites sur demande, tél. 93 319 24 12), centre du commerce barcelonais depuis plus de six cents ans. Doté d'une belle cour et d'un hall gothique du XIVe siècle, le bâtiment a servi de Chambre de Commerce, d'Ecole des Beaux-Arts (où Picasso et Mirò étudièrent), et enfin de Bourse de Barcelone (elle est maintenant dans le Passeig de Gràcia).

Presque en face, se trouve la splendide arcade XIXe de **Porxos Xifré**, qui abrite le restaurant Set Portes, une institution à Barcelone *(voir Restaurants p. 135)*. De la Llotja, repartez vers la Rambla le long du Passeig de Colom, et vous verrez la superbe église baroque de la **Mare de Déu de la Mercè**, connue pour sa statue de la Vierge sur le dôme.

Le futuriste Museu d'Art Contemporani de Barcelone.

EL RAVAL

Ce quartier, compris entre la Rambla et la Ronda de Sant Antoni (qui suit le tracé de l'ancien mur d'enceinte), est en cours de restauration. Partez de la Rambla et tournez dans la Carrer del Carme. A droite, la Carrer dels Angels vous conduira au symbole le plus manifeste de la transformation du quartier : le **Museu d'Art Contemporani de Barcelona**, ou MACBA (ouvert lun, mer-ven 11h-19h30, sam 10h-20h, dim 10h-15h). Erigé en contraste avec le reste délabré du quartier, cet édifice ultra-moderne d'un blanc éblouissant, conçu par Richard Meier, vaut la peine d'être visité ne serait-ce que pour son architecture. Ses collections d'art contemporain sont en cours d'enrichissement, mais il accueille d'intéressantes expositions temporaires.

Dans la Carrer de Montalegre se trouve le CCCB, **Centre de Cultura Contemporània de Barcelona** (ouvert mar-sam 11h-20h, dim 11h-19h). Aménagé dans une ancienne maison de charité, la Casa de Caritat, qui a subi une modernisation heureuse, le Centre oriente son programme de danse, musique, film et vidéo autour du thème de l'expérience urbaine.

En changement permanent

Retournez dans la Carrer del Carme et pénétrez dans l'ensemble gothique de l'**Hospital de la Santa Creu** (hôpital de la Sainte-Croix). Pendant mille ans, il fut un hôpital et un lieu d'étape pour les pélerins. Gaudí y mourut en 1926, peu avant que l'établissement ne fût transféré de l'autre côté de la Diagonal, dans les nouveaux locaux conçus par Domènech i Montaner. La construction des bâtiments d'origine commença en 1401. Notez, dans l'entrée de l'Institut d'Estudis Catalans (l'ancienne aile de convalescence), une frise du XVIe siècle en carreaux de faïence qui retrace la vie de Saint Paul. La cour paisible est agrémentée d'orangers en fleur ou lourds de leur fruits odorants. Des expositions d'art et de livres sont organisées dans le cloître.

La Carrer de l'Hospital est une rue commerçante fréquentée par la population pakistanaise du quartier. Les abords comptent nombre de boutiques branchées et de petits restaurants. Au bout, la toute nouvelle Rambla del Raval débouche sur la Carrer de Sant Pau, Là aussi, les anciens bâtiments ont été détruits pour faire place à de nouveaux immeubles modernes.

Au coin de cette rue, se dresse la petite église de **Sant Pau del Camp**, probablement la plus ancienne de Barcelone. La simplicité de ses lignes romanes du XIIe siècle repose agréablement des extravagances du modernisme et de la complexité du gothique. Le ravissant petit cloître est entouré de curieuses arcades de style arabe. L'église est souvent fermée. Pour la visiter, tentez votre chance en fin d'après-midi (17h30-19h) ou le dimanche matin.

MONTJUÏC

➤ **Montjuïc** prit son visage actuel lors de l'Exposition internationale de 1929, et a tout naturellement accueilli la plupart des épreuves des Jeux Olympiques de 1992. Depuis des années, cette colline de 213 mètres d'altitude, avec ses équipements sportifs, ses musées exceptionnels et son panorama sur la ville et le port, attire une foule de promeneurs. La Plaça d'Espanya, dotée de nombreux arrêts de bus et d'une station de métro, constitue un excellent point de départ pour visiter Montjuïc. L'avenue

Une élégante statue du Pavelló Mies van der Rohe.

La Fontaine Magique et l'impressionnant Palau Nacional.

piétonnière centrale monte, entre les halles du comité d'organisation des foires-expositions, vers le pavillon espagnol, le **Palau Nacional**. En face, se dresse la **Font Màgica** (fontaine magique), illuminée les weekends d'été. Sur la droite, ne manquez pas le **Pavelló Mies Van der Rohe** (ouvert lun-ven 10h-20h, sam-dim 11h-19h), le pavillon allemand de l'Exposition de 1929. Démonté puis reconstruit en 1986, le cube de verre, de pierre et d'acier s'avère une merveille de style Bauhaus. En face, se dresse la **Casaramona**, une ancienne usine textile transformée en **Caixa Forum**, un centre culturel conçu par Isozaki pour la Fundació Caixa.

Trésors nationaux

Le Palau Nacional abrite le MNAC, ou **Museu Nacional d'Art de Catalunya** (ouvert mar-sam 10h-19h, dim 10h-14h30), une des plus belles collections d'art médiéval au monde. D'une richesse inégalée en art roman et peinture gothique de l'école catalane, le musée a subi une restauration de grande envergure. Il est prévu d'y installer aussi le Musée d'art moderne. Entre le IXe et le XIIIe siècle, plus de 2 000 églises romanes virent le jour en Catalogne. Elles étaient ornées de fresques à la byzantine, de sculptures primitives relatant des épisodes de la Bible ou de la vie rurale, de croix de bois sculptées et de statues de la Vierge d'une pureté infinie. Au début du XXe siècle, la plupart de ces œuvres furent retirées des églises laissées à l'abandon et rassemblées dans ce musée.

Quelques-unes des meilleures œuvres d'art d'Espagne y sont maintenant visibles, comme le magnifique *Cristo Pantocrator* du XIIe siècle, provenant de l'abside de l'église Sant-Climent-de-Taüll dans les Pyrénées. La superbe série de longues statues en bois non peintes, représentant la descente de la croix, vient de Santa-Maria-de-Taül. L'aile gothique s'avère aussi remarquable. Il y a des chefs-d'œuvre dans toutes les salles. Pour la plupart, ce sont des retables, des tableaux à plusieurs volets qui se plaçaient derrière l'autel des églises. Parmi les trésors, figurent la *Vierge des Conseillers* de Lluís Dalmau, le *Saint-Jérôme* de Jaume Ferrer II, et un beau retable de Saint Jean-Baptiste en compagnie de Saint Sébastien et Saint Nicolas.

Une des sculptures colorées de Miró, devant la Fundació.

La Fundació Joan Miró

Un peu plus haut, le **Museu d'Arqueologia de Catalunya** (ouvert mar-sam 9h30-13h et 16h-19h, dim 9h-14h) expose d'intéressants vestiges issus de sites préhistoriques, ibériques, grecs et romains de Catalogne ; les dioramas et les reconstitutions de tombes valent le détour. Toujours plus haut, après un autre tournant, se trouve le **Museu Etnològic** (ouvert mar-ven 9h-20h30, dim 9h-14h), qui propose généralement des expositions temporaires sur les arts indigènes d'Amérique latine.

Un funiculaire relie l'Avinguda del Paral.lel (près de la station de métro) et l'Avinguda de Miramar (prés de la Fondació Joan Miró), et rejoint le téléphérique qui monte au Castell de Montjuïc et la Plaça del Mirador. Le Transbordador Aéri, une autre télécabine, descend de Montjuïc, passe au-dessus du port et finit à la Barceloneta (mar-dim 12h-20h en été, selon la météo, et weekends en hiver).

Plus haut, s'étendent les Jardins de Laribal, au bord desquels se trouve l'amphithéâtre du **Teatre Grec**, qui accueille le Festival Grec en juillet et août. A quelques pas de là, se dresse, simple et élégante, la **Fundació Joan Miró** (ouverte mar-sam 10h-19h, et 10h-20h juil-sept, dim 10h-14h30). Elle fut conçue en 1975 par l'architecte Josep Lluís Sert pour accueillir une vaste collection de peintures, dessins, tapisseries et sculptures du surréaliste catalan, qui mourut en 1983 à l'âge de 90 ans. La collection suit l'évolution artistique de Miró depuis 1914. Baignées de lumière naturelle, ses œuvres éclatent des couleurs rouge, jaune, bleu et noir, mais aussi de son langage symbolique unique. Ses sculptures sont exposées à l'extérieur.

Le **Castell de Montjuïc**, construit en 1640, fut utilisée par l'armée et comme prison jusqu'en 1960, lorsqu'il fut cédé à la municipalité pour être transformé en **Museu Militar** (ouvert

Le Palau d'Esports Sant Jordi, signé Arata Izozaki.

mar-dim 9h30-19h30). Le musée possède une vaste collection d'armes et d'armures anciennes, des milliers de soldats de plomb et des maquettes de châteaux.

Le fort rappelle à la ville des moments sombres. Ses canons bombardèrent la population pour mater des insurrections aux XVIIIe et XIXe siècles, et il fut un lieu d'exécutions politiques, dont celle, en 1940, de Lluís Companys, président de la Generalitat durant la guerre civile.

L'**Annella Olímpica** (anneau olympique), accessible par un escalator depuis le Palau Nacional, s'étend sur le versant nord de Montjuïc. Le stade de 1929, rebaptisé Estadi Olímpic, a été agrandi pour les Jeux Olympiques de 1992. Il accueillit la plupart des épreuves d'athlétisme, ainsi que les cérémonies d'ouverture et de clôture. A l'arrière, il y a une Galeria Olímpica. Sous le stade, se trouve la Terrasse olympique et, encore plus bas, la colonnade de la Plaça d'Europa.

Le Poble Espanyol

A gauche, se dresse le fleuron des équipements sportifs de Montjuïc, le **Palau d'Esports Sant Jordi**. Réalisé par l'architecte japonais Arata Izozaki, il peut accueillir 17 000 spectateurs sous un grand dôme métallique de 45 m de haut. La tour de communications, la **Torre de Calatrava**, dont la construction provoqua quelques remous, domine le tout.

« Attraction pour petits et grands », le **Poble Espanyol**, ou village espagnol (ouvert lun 9h-20h,mar-sam 9h-14h, dim 9h-minuit), sur le flanc nord-est de Montjuïc, présente un résumé architectural des diverses régions d'Espagne. Les reconstitutions de maisons, de clochers, de fontaines, de *plazas* et de palais sont disposées selon un réseau de ruelles, d'allées et de places de village. On entre par une porte des remparts d'Avila. Il y a un spectacle de flamenco et des démonstrations d'artisanat régional, dont des souffleurs de verre. Envahi par les touristes, le Poble Espanyol fait figure de cliché, mais il donne une idée des différentes régions d'Espagne, et les enfants y trouveront leur compte.

LA DIAGONAL

La large Avinguda Diagonal, bordée d'arbres, traverse en oblique, du littoral aux collines, le secteur en damier imaginé par Cerdà. Prévue pour une circulation intense, elle donne accès aux boulevards périphériques et, par là, aux autoroutes à péage. Le grand rond-point de la Plaça de les Glòries Cata-

Le Teatre Nacional occupe le site d'une ancienne usine.

lanes était essentiellement industriel jusqu'à l'avènement du **Teatre Nacional de Catalunya** néo-classique de Ricardo Bofill et de **L'Auditori** de Rafael Moneo, nouvelle résidence de l'Orchestre symphonique de Barcelone. A l'ouest, entre le Passeig de Gràcia et la Plaça de Francesc Macià, s'étend un des quartiers les plus huppés de la ville, avec ses hôtels quatre étoiles et ses boutiques de luxe.

Pedralbes

A quelque 3 km plus à l'ouest, toujours par la Diagonal (les bus sont fréquents), se trouve le **Palau Reial de Pedralbes**, une propriété de la famille Güell convertie en résidence royale en 1919. Construit dans un jardin paisible, il abrite le **Museu de les Arts Decoratives** (ouvert mar-sam 10h-18h, dim 10h-15h) et le **Museu de Ceràmica** (ouvert mar-sam 10h-18h, dim 10h-15h). De l'autre côté de la Diagonal, s'étend la Zona Universitària et, plus au sud, le **Camp Nou**, stade de résidence du Barça, le club de football de Barcelone.

Plus haut sur l'Avinguda de Pedralbes, le paisible **Monestir de Pedralbes** (ouvert mar-dim 10h-14h), fut fondé en 1326 par la reine Elisenda de Montcada, enterrée dans la superbe église gothique. Doté d'un magnifique cloître à trois niveaux, d'une belle cuisine et d'une salle des malades du XVIe, il abrite une partie de la remarquable collection Thyssen-Bornemisza, notamment des œuvres médiévales, Renaissance et baroques.

Le cloître paisible du Monestir de Pedralbes.

Au-delà, les quartiers à flanc de colline sont en fait d'anciens villages absorbés au fil des ans par l'expansion de Barcelone. Pedralbes s'avère très bourgeoise : les villas avec jardin font partie de l'immobilier le plus cher de la ville. **Gràcia** possède encore sa propre place de village, Plaça de Ruis i Taulet, et les rues Llibertat et Fraternitat, ainsi que la Plaça de la Revolució, reflètent son passé républicain. A la mi-août, la *festa mayor*, une des plus grosses de la ville, y a lieu. **Sarrià** a conservé son ambiance de petite ville catalane. **Horta** est à côté du vélodrome olympique. A ses confins, se trouve le Laberint, un labyrinthe en haies d'ifs, vieux de 200 ans.

Barcelone vue d'en haut, depuis le Tibidabo.

TIBIDABO

Par une matinée claire et lumineuse, grimpez au sommet du **Tibidabo**, qui domine Barcelone de ses 542 mètres. La vue sur la ville y est extraordinaire. L'**église du Sagrat Cor de Jesus**, illuminée le soir, est un des monuments emblématiques de la ville. Construite au début du XXe siècle par Eric Sagnier dans un style néo-roman et néo-gothique, elle est surmontée d'un Christ monumental donnant la bénédiction.

Pour monter au Tibidabo, prenez un train FGC s'arrêtant à Avda Tibidabo, au départ de la Plaça de Catalunya. De là, un **Tramvia Blau**, vieux tramway bleu en bois en service tous les jours en été et les weekend d'hiver, vous emmènera jusqu'au funiculaire. Vous pouvez faire étape au **Museu de la Ciència** (ouvert mar-dim 10h-20h), un superbe musée de la science récemment rénové, recèlant des trésors pour les enfants. En cinq minutes, le funiculaire (de mars à mi-octobre) vous hisse jusqu'au sommet, où un spectaculaire panorama de la ville, de la côte et même des Pyrénées, vous attend.

Un public familial afflue au célèbre **Parc d'Attraccions** (ouvert Pâques-déc, lun-ven 12h-22h, sam-dim 12h-minuit, horaires variables à vérifier auprès de l'Office de tourisme). Cette fête foraine sortie tout droit des années 1950 possède tous les manèges et attractions imaginables. Le **Museu dels Autòmates** (ouvert jeu-dim 12h-22h), qui abrite d'anciennes machines à sous et des jouets, vaut le détour. La fête foraine est l'attraction la plus connue du **Parc de Collserola**, un immense espace vert pourvu de pistes cyclables et de course à pied, des sentiers de nature, des lieux de pique-nique et des *merenderos*, où on grille sa nourriture au barbecue.

Un ascenseur monte au sommet de la Torre de Collserola.

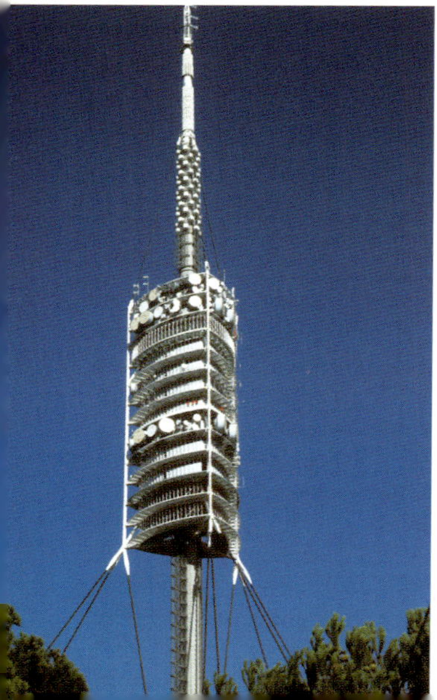

La tour de communications **Torre de Collserola** (ouverte mer-dim jusqu'à 20h), ou Torre Foster, du nom de son architecte anglais, constitue un autre point de repère. Un ascenseur transparent vous emporte au sommet pour une vue panoramique.

L'impressionnant monastère de montagne, à Montserrat.

EXCURSIONS

Il y a mille et une raisons de rester à Barcelone. Pourtant plusieurs sites proches méritent vraiment d'y passer une journée, comme Montserrat, lieu de pèlerinage, la ville paisible de Sitges, pour ses plages et ses musées, et les vignobles de *cava* dans la région du Penedès.

Montserrat

Montserrat, le site religieux le plus important de Catalogne et le sanctuaire de la nation catalane, surgit au-dessus de la vallée du Llobregat, à 48 km au nord-ouest de Barcelone. Depuis son sommet à 1 235 m, la vue s'étend jusqu'aux Pyrénées et Majorque. Le monastère se repère de loin, entouré par les contours irréguliers de la chaîne de montagnes qui lui a valu son nom : Montserrat signifie « montagne dentelée ».

Les premiers ermites se seraient établis dans la montagne pour fuir l'invasion maure. Au XIe siècle, l'un des ermitages, dédié à la Vierge Marie, se développa en un monastère bénédictin qui devint, un siècle plus tard, dépositaire de **la Moreneta**, la Vierge noire. Cette petite statue en bois représente une Vierge au visage sombre tenant l'Enfant Jésus et, dans la main droite, le globe. La légende prétend qu'elle fut sculptée par Saint Luc et cachée par Saint Pierre. Depuis toujours, les pèlerins, des plus prestigieux aux plus humbles, gravissent la montagne pour vénérer la patronne de la Catalogne. Plus d'un million de visiteurs montent au sanctuaire chaque année.

A l'instar du nationalisme catalan, le monastère s'est toujours relevé de ses ruines. Entièrement incendié par les soldats de Napoléon en 1808, puis abandonné au moment de la confiscation des couvents par l'Etat en 1835, il ne fut reconstruit qu'en 1874. Pendant la guerre civile, alors qu'un anticléricalisme virulent sévissait parmi les républicains de Barcelone, la Moreneta fut secrètement remplacée par une copie et l'original resta caché pendant toute la dictature franquiste. Bien que la culture catalane fût interdite, les moines du Montserrat continuèrent de dire la messe en catalan.

Foi religieuse et activités sportives

Blotti entre les replis rocheux, le site spectaculaire domine la plaine de toute sa hauteur. Pour la fête de la sainte, le 27 avril, les moines organisent une veillée nocturne très suivie. La Moreneta trône dans un écrin de verre et d'or, mais les fidèles peuvent toucher ou baiser sa main droite par une ouverture pratiquée dans l'écran protecteur. A 11h, 13h et 18h45 (sauf en juillet), les Escolans, le plus ancien chœur de garçons d'Europe, fondé au XIIIe siècle, font résonner la basilique de leurs voix angéliques. Le monastère et son musée (ouvert tlj 10h-18h, 10h-16h30 en hiver) possède un département d'art ancien et une section moderne, ainsi que des tableaux de El Greco.

Montserrat est aussi une destination populaire auprès des cyclistes, qui montent souvent de Barcelone à vélo. Des grimpeurs escaladent les longs « doigts » rocheux. Au départ du monastère, des sentiers de promenade vont à d'autres ermitages, et le funiculaire monte à la **Santa Cova**, la grotte sacrée de la légende de la Vierge. Des statues et des plaques jalonnent le parcours. Pour faire face à la fréquentation croissante, des bars, des restaurants et des magasins ont ouvert leurs portes autour de la Plaça de la Creu.

Accès

De Barcelone, Montserrat est accessible en train FGC, au départ de la Plaça de Catalunya, pour un trajet d'une heure environ. De la gare de Montserrat, un téléphérique monte à flanc de montagne jusqu'au monastère. Le bus des Transportes Julià (tél. 93 490 40 00) part aussi de Barcelone. En voiture, quittez Barcelone par la Diagonal et prenez l'autoroute en direction de Tarragone jusqu'à la Sortida 25.

Le départ du funiculaire pour Santa Cova, au-dessus du monastère.

L'église de Sant Bartolomeu i Santa Tecla domine la plage de Sitges.

Sitges

Les plages de la Costa Daurada sont aisément accessibles depuis Barcelone. La côte, au sud de la ville, doit son nom au sable doré de son vaste littoral, en contraste avec les anses rocheuses et les falaises de la Costa Brava, au nord. Parfaite pour une sortie d'une journée, **Sitges** est la station favorite des Barcelonais eux-mêmes. Le trajet ne prend pas longtemps par l'autoroute C-32. Une route touristique, plus pittoresque mais plus longue, suit la côte. Le train au départ de la gare Estació de Sants met 40 minutes, à condition de prendre un service rapide : certains s'arrêtent fréquemment.

En dépit de l'inévitable invasion touristique de l'été, la ville a échappé au bétonnage qui dépare nombre de stations balnéaires. Les deux plages sont séparées par un promontoire où des maisons éclatantes de blancheur se serrent autour de l'**église Sant Bartomeu i Santa Tecla**. La plus grande et la plus belle, **Platja d'Or**, possède une longue promenade plantée de palmiers et jalonnée de dizaines de restaurants et de cafés, certains s'avérant très bons. Au nord du promontoire, s'étend la plage Sant Sebastià, plus petite et plus calme, mais extrêmement agréable.

Trois musées en bord de mer

En plus de ses plages, Sitges est réputée pour ses superbes musées. Le **Museu d'El Cau Ferrat** (ouvert mar-sam 9h30-14h et 16h-18h, dim 9h30-14h) est installé dans la maison du peintre Santiago Rusiñol (1861-1931), dont la collection personnelle comprend des œuvres de El Greco, Rámon Casas, Picasso et d'autres, ainsi que bon nombre de ses propres toiles, céramiques et fers forgés.

Relié au Cau Ferrat par une passerelle traversant la rue, le **Museu Mar i Cel** (mêmes horaires) occupe une superbe maison qui domine la mer. Ce musée de la mer et du ciel présente, dans des salles ornées de faïence peinte, une petite collection de sculptures et de peintures médiévales, et quelques belles toiles de Josep Maria Sert (1876-1945).

Le **Museu Romàntic** (mêmes horaires), tout proche, dans Sant Gaudenci, abrite le mobilier et les costumes d'une famille du XIXe siècle, ainsi que la collection de poupées anciennes Lola Anglada.

A la périphérie de Sitges, s'alignent les belles villas des riches familles barcelonaises, tandis que les jolies rues étroites du centre et les plages sont consacrées aux loisirs. Sitges abrite une des plus importantes communautés homosexuelles d'Es-

Rendez-vous sur la promenade de Sitges.

A Sant Sadurní, l'architecture est aussi agréable que le *cava*.

pagne et attire des touristes gays toute l'année, surtout pour le fameux carnaval de février. Les plages nudistes et gays sont à côté des autres.

Dans l'arrière-pays, sur la route de Vilafranca, **Sant Pere de Ribes** présente des attraits tout à fait différents : un château du Xe siècle, une église romane et, dans un superbe palais, le **Gran Casino de Barcelona** (ouvert tlj 17h-4h du matin).

Sant Sadurní d'Anoia (Penedès)

Le *cava*, le champagne catalan, vient du **Penedès**, une jolie région au sud de Barcelone (à 45 minutes en train depuis les gares de Sants ou de Plaça de Catalunya ; en voiture, prendre la A7/E15 en direction de Tarragone). Aujourd'hui, le *cava* catalan est le vin mousseux le plus vendu au monde (le terme champagne ne s'applique qu'à celui produit en Champagne, en France), notamment celui de Cordoníu et Freixenet. ➤ **Sant Sadurní d'Anoia**, la première ville de cette région vinicole, compte maintes caves. Certaines organisent des visites guidées et des dégustations.

Le vignoble le plus intéressant, **Can Codorníu**, est aussi le premier producteur de *cava* d'Espagne ; la propriété date de 1872. Cet établissement familial occupe des terrains magnifiques, avec des bâtiments signé Puig i Cadafalch, un contemporain de Gaudí. Achevé en 1898, il est classé Monument artistique et historique national. Comme dans un parc d'attraction, les visiteurs parcourent 26 km de caves souterraines pleines de cachet.

Le personnel de Codorníu se fera un plaisir de vous renseigner sur les restaurants de la ville et des alentours. La plupart proposent des fruits de mer, arrosés, comme il se doit, de *cava*. Si vous passez dans la région entre janvier et mars, goûtez cet autre plat régional, les *calçots*, de jeunes poireaux grillés et trempés dans une sauce au poivre et à l'ail, tellement appréciés qu'ils font l'objet d'une fête spéciale, la *calçotada*.

Vilafranca del Penedès

A 15 km au sud de Sant Sadurní, se trouve **Vilafranca del Penedès**, chef-lieu de la région de l'Alt Penedès, siège de l'Institut catalan du vin. Terroir d'origine du fameux vin rouge Torres, la ville est entourée de vignobles à perte de vue. La plupart se visitent ; renseignez-vous à l'Office de tourisme (tél. 93 892 03 58).

Le remarquable **Museu del Vi** (ouvert mar-sam 9h-21h, dim 10h-14h en été, 10h-14h et 16h-19h en hiver) figure parmi les meilleurs du genre en Europe. Le musée du vin est aménagé dans le **Palau Reial** gothique, une ancienne résidence des rois d'Aragon. Le festival local se tient du 29 août au 2 septembre. C'est un excellent moment pour visiter la ville, voir le vin couler à flots et surgir les « châteaux humains », les fameux *castells*.

Un des meilleurs musées vinicoles d'Europe : le Museu del Vi.

VINÇON
VINÇON
VINÇON
VINÇON
VINÇON

CULTURE ET LOISIRS

Barcelone est au moins l'égale de Madrid en matière de shopping. Côté sorties, la ville vit au rythme des bars à la mode et des fêtes de rue. Les Jeux Olympiques de 1992 ont confirmé sa réputation de ville sportive où le Barça reste roi, tandis que les parcs d'attractions feront le bonheur des enfants.

SHOPPING

Cette capitale du style et du bon goût abonde en boutiques de mode, magasins d'antiquités et galeries d'art. La création et le *design* y sont pris très au sérieux. Faire les magasins y est extrêmement agréable, car la ville n'a pas encore été submergée par les chaînes internationales, bien que des centres commerciaux tout neufs aient vu le jour. Les commerces restent des affaires de famille, et faire du lèche-vitrines sur la Rambla de Catalunya ou le Passeig de Gràcia s'avère un pur bonheur.

Dans l'Eixample, le **Passeig de Gràcia**, la **Rambla de Catalunya** et la **Diagonal** comptent de superbes magasins de vêtements, de bijouterie et de *design*. Des galeries d'art et des boutiques de mode sont apparues des deux côtés de la **Rambla**, autour de **El Born** dans le Barri Gótic, et à **El Raval**. La Plaça de Catalunya se trouve au carrefour des rues commerçantes de la vieille ville. L'avenue **Portal de l'Angel** et la **Carrer de la Portaferrisa** grouillent en permanence de consommateurs. Sur la Rambla, le commerce repose sur l'énorme marché touristique, mais compte aussi d'alléchantes pâtisseries.

Gardez à l'esprit que, à l'exception des grands magasins, la plupart des commerces ferment entre 13h30 et 16h30 et rouvrent jusqu'à 20h, voire plus tard.
Les petites boutiques ferment leurs portes le samedi après-midi et le dimanche.

Grands magasins et centres commerciaux

El Corte Inglés est le plus important grand magasin d'Espagne. Il y a l'immense magasin d'origine de la Plaça de Catalunya, un autre dans l'avenue Portal de l'Angel, spécialisé dans les articles de sport et de loisirs, les livres et la musique, et un autre sur l'avenue Diagonal (tous ouverts 10h-22h). Sur la Plaça de Catalunya, le grand complexe **El Triangle** abrite un magasin Habitat et une succursale de la chaîne française FNAC, pour le meilleur choix en musique espagnole et internationale. **La I'lla**, sur la Diagonal, est un des meilleurs centres commerciaux huppés de la ville. A Port Vell, le **Maremàgnum**, ouvert jusqu'à 23h, compte des dizaines de boutiques. Enfin, l'immense complexe commercial de **Diagonal Mar** a ouvert ses portes en bord de mer.

Antiquités et galeries d'art

Quelques-uns des meilleurs magasins d'antiquités se trouvent dans les rues **dels Banys Nous**, **de la Palla** et **de Petritxol**. Dans l'Eixample, le **Bulevar dels Antiquaris** (Passeig de Gràcia 57) cache un dédale de quelque 70 boutiques d'antiquités. Enfin, les rues **de Mallorca** et **de València** rassemblent plusieurs antiquaires indépendants.

Pour acheter des objets d'art, allez faire un tour à **Consell de Cent**, dans l'Eixample, dans le **Passeig del Born**, où des galeries nouvelles ont récemment ouvert, et à **El Raval**, dans les rues avoisinant le Musée d'art contemporain MACBA. D'autres galeries se trouvent dans la rue **de Petritxol**, près de la Plaça del Pi, et dans la rue **de Montcada**, autour du Musée Picasso. Là, Art Escudellers (Escudellers 23-25) propose une immense sélection de céramiques de qualité et d'objets d'artisanat. BCN Original, à côté de l'Office du tourisme (Plaça de Catalunya 17), vend de beaux souvenirs et des cadeaux. Les boutiques des musées proposent aussi des objets d'art et de *design* de grande qualité.

Livres

Barcelone est la capitale espagnole de l'édition. Il n'est donc pas difficile d'y trouver toutes sortes de livres, dont certains en français ou autres langues étrangères. Ainsi, Happy Books (Passeig de Gràcia et Ronda de la Universitat) propose d'excellents livres d'art et de cuisine, des ouvrages portant sur la culture espagnole, ainsi qu'une importante section à prix réduit. La Llibrería Francesa, à l'angle du Passeig de Gràcia et de la rue de Provença, vend des ouvrages en français et en anglais, notamment des titres de voyage. La librairie de la chaîne Crisol (Rambla de Catalunya 81) est également bien fournie, tout comme la FNAC, sur la Plaça de Catalunya. Le CCCB (Centre de la Culture Contemporaine), à El Raval, abrite aussi une excellente librairie dont la maison-mère, Laie Llibrería Café (Pau Claris 85), propose des ouvrages d'art et de littérature. Le café à l'étage est excellent.

Qu'est-ce qui est le meilleur ? La vitrine ou les gâteaux à l'intérieur ?

Casa Beethoven est un disquaire de musique classique.

Design

Pour la quintesssence du *design* catalan, Vinçon (Passeig de Gràcia 96) contient tout ce qui est fonctionnel et bien conçu : coûteux éclairages, mobilier contemporain, montres, ustensiles de cuisine et papeterie. BD Ediciones de Diseño (Mallorca 291-293) propose, dans son magnifique hôtel particulier moderniste, du mobilier de facture catalane élégante. Le stock de Pilma (Diagonal 403), de bonne qualité, a toutefois moins de style. Enfin, le quartier à la mode El Born regorge de boutiques vendant des articles originaux et branchés.

Mode

Toni Mirò propose ses créations pour hommes et femmes dans son magasin Antoni Mirò (Consell de Cent 349) et à Groc (Rambla de Catalunya 100 et Montaner 385). Le couturier galicien Adolfo Dominguez (Passeig de Gràcia 32 et 89, et Diagonal 570) crée une ligne classique. Côté cuir, essayez Loewe (Casa Lleó Morera, Passeig de Gracià 35), la première chaîne espagnole, et Yanko (Passeig de Gràcia 95), un peu moins cher. Gonzalo Comella (Passeig de Gràcia 6) vend plusieurs marques, dont Miró, Armani et Ermenegildo Zegna.

Une gamme en-dessous, **Bulevard Rosa** (Diagonal 474 et 609, Passeig de Gràcia 55) rassemble d'excellents magasins, dont Polo, une boutique espagnole sans lien avec Ralph Lauren. Pour des vêtements jeunes et à la mode, impossible de se tromper avec Zara, la chaîne espagnole qui s'est rapidement implantée dans toute l'Europe. Elle compte de nombreuses succursales en ville, la plus grande étant sur le Passeig de Gràcia. Mango en possède plusieurs également.

Le meilleur marché aux puces de Barcelone, Els Encants, s'anime chaque lundi, mercredi, vendredi et samedi de 8h à 19h sur la Plaça de les Glòries Catalanes (métro Glòries). Il y a à boire et à manger, mais vous y passerez un bon moment. Pour les timbres et les monnaies, rendez-vous à la Plaça Reial le dimanche matin, ou au marché Sant Antoni, qui propose aussi des livres et des disques. La Plaça Sant Josep Oriol accueille un marché d'art le weekend, où des artistes viennent vendre leurs tableaux.

Produits alimentaires

Colmado Quílez (Rambla de Catalunya 63) fait figure d'institution avec ses produits emballés, ses vins fins, ses fromages et ses bières d'importation. Casa Gispert (Sombrerers 23), un magasin ouvert depuis plus de cent cinquante ans, se spécialise dans les noisettes grillées, les fruits secs, le café et les épices. Escribà (Rambla 83) est une superbe chocolaterie centenaire. Pour prendre une leçon d'histoire et de religion tout en achetant à manger, essayez Caelum (Palla 8), qui propose toutes sortes de produits fabriqués dans des monastères du monde entier. En bas, dans le salon de thé, les fondations du XIVe siècle ont été mises au jour.

Enfin, il ne faut surtout pas manquer le marché de la Boqueria *(voir p. 26)* si vous cherchez des produits frais, poisson, viande, fruits, légumes, charcuterie et olives, etc. Incontournable, il est ouvert du lundi au samedi jusqu'à 20h.

SORTIES

Les Espagnols se sont établis une solide réputation de fêtards. Barcelone ne déroge pas à la règle : la ville bouillonne dès la tombée de la nuit. Les possibilités de sorties sont innombrables : cabarets, théâtre, concerts de jazz, de rock et de musique du monde, opéra et orchestres symphoniques, etc. Le choix de bars et discothèques est particulièrement riche. Le soir, dans certaines rues, comme la Rambla et le Passeig de Gràcia, un véritable flot de promeneurs s'écoule sur les trottoirs. Les églises et les principaux monuments sont illuminés, et la ville prend un air de fête.

Le Teatre del Liceu, rénové et plus populaire que jamais.

Musique et théâtre

Un concert au **Palau de la Música** (Sant Francesc de Paula 2 ; tél. 93 268 10 00), chef d'œuvre moderniste, fournit une expérience inoubliable, quel que soit le style de musique : orchestre de chambre, symphonie ou concert contemporain.

Le célèbre opéra de Barcelone, le **Gran Teatre del Liceu** (Rambla 51-59 ; tél. 93 485 99 13 ou 902 33 22 11), détruit par un incendie en janvier 1994, rouvrit ses portes en grandes pompes à l'hiver 1999. Les billets sont parfois difficiles à obtenir, malgré la capacité accrue du théâtre, mais cela vaut la peine d'essayer. Le nouvel **Auditori Municipal** (Plaça de les Arts ; tél. 902 10 12 12), résidence de l'Orchestre symphonique de Barcelone, renferme un auditorium principal de 2500 places et un autre, plus petit, pour la musique de chambre. Le **Caixa Forum** (Avda Marquès de Comillas 6 ; tél. 902 22 30 40), un nouveau centre culturel superbe, organise, entre autres, des concerts et des expositions.

Côté théâtre, le nouveau **Teatre Nacional** (Plaça de les Arts ; tél. 93 246 00 41), met en œuvre un programme riche et varié ; le théâtre **Lliure** (Montseny 47 ; tél. 93 218 92 51) présente des productions contemporaines de qualité et le **Mercat de les Flors** (Lleida 59 ; tél. 93 318 85 99) accueille, dans un ancien marché aux fleurs converti, du théâtre expérimental et de la danse moderne. Bien sûr, les pièces sont jouées pour la plupart en espagnol ou en catalan.

Le guide culturel en espagnol *Guía del Ocio*, en vente dans les kiosques à journaux, présente le programme hebdomadaire complet des spectacles et loisirs. *Barcelona Olé !*, le guide mensuel publié par l'Office de tourisme de Barcelone, renseigne sur les grandes manifestations culturelles.

Flamenco, jazz et cabaret

Le **flamenco** n'est pas une tradition catalane, mais quelques *tablaos* (spectacles de flamenco) sont montés pour les touristes. Le Tablao Flamenco Cordobés (Ramblas 35 ; tél. 93 317 66 53) est le plus couru, tandis qu'El Patio Andaluz (Aribau 242 ; tél. 93 209 33 78) présente également des *sevillanas*, une musique traditionnelle d'Andalousie. A El Tablao de Carmen, dans le Poble Espanyol à Montjuïc (Arcos 9 ; tél. 93 325 68 95), les spectacles sont donnés deux fois chaque soir, sauf le lundi. Mais c'est à Los Tarantos, sur la Plaça Reial, que vous pourrez assister au flamenco le plus authentique.

Il y a des concerts de **jazz** presque tous les soirs dans le Quartier gothique, au Harlem Jazz Club (Comtessa de Sobradiel 8), probablement le meilleur club de jazz de la ville, et au Jamboree, sur la Plaça Reial. Pour une soirée salsa, essayez le Sabor Cubano (Francisco Giner 32), ou le Samba Brasil (Lepant 297).

Deux des plus vieux **cabarets** de Barcelone, El Molino et la Bodega Bohemia, ont dû fermer récemment. Les goûts changent. Ainsi, le Luz de Gas (Muntaner 246), autrefois un music-hall, accueille maintenant des concerts de jazz, de rock et de soul. Après minuit, il devient une boîte de nuit. Sala Apolo, un autre music-hall reconverti, se spécialise dans le rock, la pop et le reggae.

Pour la nostalgie, Boadas (Tallers 37), le plus ancien bar à cocktails de la ville, situé en retrait de la Rambla, a conservé son décor authentique des années 1930, de même que Pastís

Les *gegants* défilent à l'occasion de la Festa Nova.

(Santa Monica 4), où on vous servira du pastis sur les chansons d'Edith Piaf. Nick Havanna (Rosselló 208) fut le premier bar *design* des années 1980. Toujours populaire, il n'est plus aussi branché qu'à ses débuts. Les bars actuellement les plus courus se trouvent à El Born. Les réputations se font et se défont très vite, mais Gimlet, (Carrer Rec 24), un bar à cocktails très *in*, le Plastic Bar, pour ceux qui apprécient la tequila, et Woman Caballero, qui n'ouvre pas avant 2h du matin, se partagent les faveurs du public.

Festivals et fêtes de rue

Barcelone accueille de nombreux festivals de musique. Ainsi, le **Festival de Música Antigua** a lieu en avril-mai (tél. 902 22 30 40) et le **Festival de Guitarra de Barcelona** au mois de juin (tél. 902 10 01 12). Mais le **Festival Grec** s'impose comme un des meilleurs, avec, chaque été, son programme de danse, musique et théâtre des quatre coins du monde. En fait, de la fin juin au début août, le calendrier culturel déborde d'activités en tous genres : blues américain, samba brésilienne ou danse d'avant-garde européenne. Les manifestations se répartissent dans toute la ville, mais les plus grandioses ont lieu au **Teatre Grec** de Montjuïc (tél. 93 301 77 75).

Chaque jour férié donne lieu à une véritable explosion de vie dans les quartiers. Banquets, feux d'artifice, musique, costumes sont aussi inséparables de la *fiesta* que les *gegants*, ces grandes effigies en carton-pâte, et leurs comiques acolytes, les *cap grossos* (grosses têtes). Les *gegants*, hauts de 4 m environ, sont vêtus en rois et reines, chevaliers, dames, gentilshommes et paysans. Les *cap grossos*, en revanche, représentent des personnages bien connus de la vie publique, souvent accompagnés par des *dracs* (dragons) et des *dimonis* (démons).

Les *castellers* sont irrémédiablement liés aux fêtes catalanes : des troupes d'hommes et de garçons montent sur les épaules les uns les autres pour former d'impressionnantes tours humaines comptant jusqu'à neuf étages. Observez-les pendant la fête de **la Mercè** en septembre, sur la Plaça de Sant Jaume. Le **carnaval**, pendant le carême, fournit une autre occasion de se déguiser et de participer à des fêtes et défilés *(voir p. 94)*.

SPORTS

Ici, qui dit sport dit football et Barça, mais les Barcelonais apprécient aussi le cyclisme, le golf et le sport automobile à deux ou quatre roues. Pratiquants enthousiastes, ils sortent de l'agglomération pour jouer au golf, faire de la voile ou aller skier (à deux heures de route dans les Pyrénées). Les cyclistes affluent à Montjuïc et au Tibidabo, et les plages de la ville ou celles de la Costa Brava et de la Costa Daurada restent très populaires.

Sans surprise, le football s'impose comme le premier sport de Barcelone. Un match du Barça, le F.C. Barcelona maintes fois champion d'Europe, amène la ville au point mort. Son

A la découverte des parcs et des rues animées à vélo.

stade de résidence, le **Camp Nou**, dans le Barrio Alto, est le plus grand d'Europe, avec près de 120 000 places. Le Camp Nou abrite aussi un excellent musée du football (ouvert lun-sam 10h-18h30, dim 10h-14h), un des plus fréquentés d'Espagne.

La corrida n'est pas une spécialité catalane, mais Barcelone n'en possède pas moins une arène, même si elle ne tient pas grande place dans l'imaginaire collectif local, à l'inverse de Madrid et du sud de l'Espagne. Pour assister à une corrida, rendez-vous à la Plaza de Toros Monumental, au carrefour de la Gran Vía et du Passeig de Carles I, le dimanche à 17h en été.

Pratiquer un sport

Les visiteurs peuvent aller courir dans les parcs de Montjuïc ou de Tibidabo, ou louer des rollers ou un vélo, ou jouer au golf sur un des parcours de la ville. Sinon, vous pouvez vous rendre au **centre sportif Can Caralleu** (tél. 93 20 69 05 pour connaître les horaires d'ouverture aux non-membres), au Tibidabo, où des terrains de tennis, de *pelota* et de volley-ball sont disponibles, ainsi que deux piscines.

Le cyclisme étant populaire, les offices de tourisme fournissent des cartes décrivant les itinéraires recommandés et le réseau de pistes cyclables. Vous pouvez aussi contacter **Amics de la Bici**, Demóstenes 19, tél/fax 93 339 40 60. Au Tibidabo, la **Carretera de las Aiguas**, un sentier de terre battue parfait pour marcher, courir ou faire du vélo, suit le contour de la montagne et offre des vues spectaculaires sur la ville en contrebas. **Un Cotxe Menys** (tél/fax 93 268 21 05) propose des circuits vélo faciles et agréables dans la Ribera, le Quartier gothique et le bord de mer. Cet organisme loue des bicyclettes, de même que **Icària Sports** (Av. Icària 180, tél. 93 221 17 78) et **Filicletos** (Passeig de Picasso 40, tél. 93 319 78 85), où des tandems et des sièges d'enfant sont disponibles.

Les greens du **Reial Club de Golf El Prat** (tél. 93 379 02 78), à El Prat de Llobregat, près de l'aéroport, comptent 27 trous répartis en trois parcours différents. Les environs de Barcelone comptent d'autres parcours : **Sant Cugat** (tél. 93 674 39 08 ou 93 674 39 58), à l'ouest de la ville à Sant Cugat del Vallès, et **Terramar**, à Sitges (tél. 93 894 05 80). Renseignements sur www.catgolf.com.

Si vous êtes amateur de voile, contactez le **Reial Club Marítim** (tél. 93 315 00 07). Pour les sports nautiques et la location de matériel, adressez-vous à la **Base Nautica de la Mar Bella**, Platja de Bogatell (Av. Litoral, tél. 93 221 04 32).

Pour skier, les stations de sport d'hiver des Pyrénées sont à deux heures de route. Certaines sont desservies par le train, et des weekends pas chers sont régulièrement organisés. Renseignez-vous auprès de l'**Associació Catalana d'Estacions d'Esquí** (tél. 93 416 09 09) ou sur le site www.lamolina.com.

La marina du Port Vell est un paradis pour les amateurs de voile.

ENFANTS

Les enfants adorent la fête foraine du Tibidabo.

Barcelone est une ville excellente pour les enfants. Même les plus petits accompagnent leurs parents au restaurant, si bien qu'ils sont acceptés partout jusque tard dans la soirée. Les plages impeccables plairont aux enfants tout comme à leurs parents, entre deux visites touristiques. Au Port Vell, l'**Aquàrium**, un des plus grands d'Europe, abrite des spécimens fascinants (Moll d'Espanya, tél. 93 221 74 74). Il y a aussi un **cinéma Imax en 3D** (tél. 902 33 22 11). Le **zoo**, dans le Parc de la Ciutadella (tél. 93 221 25 06), n'est pas un des meilleurs du monde mais bénéficie d'un cadre agréable. Le parc, agréable et ombragé, dispose de bateaux à louer.

Le **Poble Espanyol** de Montjuïc reconstitue un village espagnol. Très apprécié des familles, qu'elle soient en visite ou de Barcelone, il est intéressant pour les enfants comme pour les adolescents.

Le **parc d'attraction du Tibidabo** (tél. 93 211 79 42) comprend une fête foraine à l'ancienne, desservie par le vieux Tramvia Blau *(voir p. 71)*. Dans le parc, le **Museu de la Ciència** (ouvert mar-dim 10h-20h), propose des activités interactives s'adressant aux enfants, dont un espace consacré aux 3-6 ans ; il y a aussi un sous-marin miniature.

Le **Museu de la Xocolata** (Plaça Pons i Clerch, ouvert lun-sam 10h-19h, dim 10h-15h) expose d'alléchantes sculptures en chocolat. Enfin, les statues en cire du **Museu de Cera** (Passatje de la Banca 7, tél. 93 317 26 49) restent appréciées.

Calendrier des fêtes

5-6 janvier	*Reis Mags* (Epiphanie) : cavalcades et cadeaux.
Février	Fête de Santa Eulàlia, parades de *gegants* et danses médiévales.
Fév-Mars	Le carnaval, avant Pâques, donne lieu à une fête débridée. Celui de Sitges est le meilleur de la région.
Semaine sainte	Procession des Rameaux sur la Rambla de Catalunya. Processions et messes les Jeudi et Vendredi Saints.
23 avril	Fête de Sant Jordi (St Georges), aussi la fête des roses et des livres : libraires et fleuristes installent leurs étals sur la Rambla et le Passeig de Gràcia.
27 avril	Fête de la Vierge noire de Montserrat, rituels liturgiques, chants du chœur de garçons et sardanes.
11 mai	Sant Ponç : foire aux herbes dans la Carrer de l'Hospital.
mi-juin	Corpus Christi, tapis de fleurs et processions à Sitges. A Barcelone, « l'œuf dansant » est posé en équilibre sur le jet de la fontaine de la cathédrale.
23-24 juin	Sant Joan (St Jean), la plus grande fête de Catalogne, avec des feux d'artifice, des banquets et des *castellers*.
fin juin-août	Festival Grec de théâtre et de musique classique, pop et rock, à Montjuïc.
15-21 août	Festa Major de Gràcia : fêtes, défilés, feux d'artifice et drapeaux dans le quartier de Gràcia.
11 septembre	*Diada* : fête nationale catalane.
24 septembre	Festa de la Mercè : une semaine de célébrations en l'honneur de la sainte patronne de Barcelone, Mare del Déu de la Mercè (Notre Dame de Grâce). Banquets en plein air sur la Rambla, danses et musique dans les rues. Le *ball de gegants* est un défilé de grosses têtes ; le *correfoc* est une bruyante parade de diables et de dragons armés de pétards.
6-24 décembre	Marché Santa Llùcia : santons, objets d'art, artisanat, et arbres de Noël en vente devant la cathédrale.

LES PLAISIRS DE LA TABLE

Les Catalans aiment la bonne chère, et manger dehors reste l'activité sociale par excellence. Il faut dire qu'ils possèdent une des meilleures gastronomies d'Espagne. Barcelone est l'endroit idéal pour goûter à cette diversité, un mélange de haute cuisine et de recettes traditionnelles qui ont nourri les Catalans pendant des générations.

Les chefs de Barcelone peuvent compter sur les splendides ingrédients dont regorgent les marchés de la ville. La gastronomie catalane repose sur la *cucina del mercat*, la cuisine du marché. Le poisson frais et les fruits de mer sont à l'honneur, même s'ils sont souvent importés de Galice et de la côte nord. Les fruits et les légumes arborent une fraîcheur parfaite. En plus des charcuteries typiques, goûtez à la vinaigrette à l'huile d'olive et à l'ail *(all i oli)*, aux produits de la campagne, et aux champignons *(bolets)*, le péché mignon de la Catalogne.

Barcelone regorge de restaurants des différentes régions d'Espagne : la cuisine basque est particulièrement appréciée. Ainsi, les bars à *tapas* basques surgissent commes ces champignons tant appréciés. Longtemps, la cuisine internationale se résuma aux restaurants français, mais des établissements du monde entier ont envahi la ville ces dix dernières années. La plupart des restaurants recommandés se trouvent dans la vieille ville et l'Eixample, bien que le bord de mer soit plus animé, sur le nouveau port et

Los Caracoles nourrit Barcelone depuis des générations.

à El Born. Les restaurants les plus exclusifs se rassemblent dans les quartiers résidentiels huppés des Barrios Altos, au nord de l'Eixample. Manger dehors à Barcelone sera sans doute un des moments forts de votre séjour. Les restaurants restent meilleur marché que ceux des capitales européennes et nord-américaines. Parfois, la carte n'est qu'en catalan : demandez alors s'il y en a une en français ou en espagnol.

Horaires des repas et menus

Les Barcelonais, comme tous les Espagnols, mangent tard. Le déjeuner commence rarement avant 14h30, et le dîner est servi entre 20h et 23h30, bien que le weekend, les gens ne s'attablent pas avant minuit. Vous trouverez sans doute à manger à toute heure de la journée, mais si vous entrez dans un restaurant juste après l'ouverture des portes, vous dînerez probablement seul, ou avec d'autres touristes étrangers.

La gamme des restaurants de Barcelone est incroyablement variée.

Adoptez le rythme espagnol et comblez vos petits creux avec des *tapas* en attendant le repas.

Les Barcelonais prennent généralement un repas à trois plats à midi et le soir, avec dessert et café. Mais vous pouvez aussi partager une entrée, ou ne commander que le plat principal *(un sólo plato)*. La plupart des restaurants proposent un menu du jour (*menú del día* ou *menú de la casa*), qui permet de payer moins cher. Pour un prix fixe, vous aurez trois plats : une entrée, souvent une soupe ou une salade, un plat principal, et un dessert (glace, fruits ou flan au caramel), le vin, de la bière ou de l'eau minérale, et du pain. Commander à la carte revient en général deux fois plus cher. Même les Espagnols choisissent souvent le *menú del día* ; n'allez donc pas croire que c'est un spécial touristes.

Pour manger moins cher, optez pour les cafétérias, où on vous servira un *plat combinat* (*plato combinado* en espagnol), en général de la viande ou du poisson avec des frites et de la salade, le tout servi dans la même assiette. C'est une formule rapide et bon marché.

Dans les restaurants les plus courus de Barcelone, mieux vaut réserver. Le prix comprend en général le service, mais il est de coutume de laisser un pourboire de 5 à 10%.

La catégorie de chaque établissement est indiquée par un pannonceau à la porte portant une à cinq fourchettes. Ce système donne une idée des prix et du niveau de service et de prestation, mais non de la qualité de la nourriture.

Le choix ne se limite pas aux restaurants et cafétérias. La plupart des bars (aussi appelés *tabernas*, *bodegas* et *cervecerías*) servent à manger, et la nourriture s'avère souvent excellente. Vous pourrez commander une sélection de *tapas*, des sandwiches (*bocadillos* en espagnol, *entrepans* ou *bocats* en catalan) ou des *plats combinats* à toute heure.

Prendre le petit-déjeuner en Espagne peut s'avérer plus compliqué que prévu, même à Barcelone, sauf dans les hôtels qui proposent de gigantesques buffets pour appâter le client. Vérifiez si le petit-déjeuner est compris dans le prix de la chambre. Sinon, mieux vaut aller dans le café voisin ou la cafétéria la plus proche. Les Espagnols prennent en général un *café con leche* accompagné de tartines ou d'une viennoiserie. Certains bars et cafétérias proposent parfois un petit-déjeuner anglais avec du *bacon* et des œufs.

Spécialités locales

Le *pa amb tomàquet* est le fondement de la cuisine rustique catalane : ce sont des tranches de pain de campagne frottées avec de l'ail et de la tomate fraîche, puis arrosées d'huile d'olive et saupoudrées de sel. Les *espinacs a la catalana*, des épinards préparés avec des pignons de pin, des raisins secs et de l'ail, sont un autre plat typique. Il y a aussi *l'escudella* (ragoût catalan), la *suquet de peix* (soupe de poisson et fruits de mer), le *fuet* (une sorte de long salami), et les *fideus* (des nouilles longues et fines servies avec du porc, de la saucisse et des poivrons rouges). Un poisson local, la *rape* (baudroie) est particulièrement apprécié *a l'all cremat* (à l'ail grillé). Le *mero al forn* (bar au four) et le *llenguado a la planxa* (sole grillée) sont excellents. Attention au mot catalan *truita*, qui signifie aussi bien truite que omelette (*tortilla* en espagnol). L'humble *bacallà* (morue) est maintenant servie dans les restaurants les plus chics sous différentes formes. La *sarsuela* est un ragoût de poisson cuit dans son jus, tandis que la *graellada de peix* est un mélange de poissons grillés.

Parmi les autres spécialités, figure le *llebre estofada amb xocolata* (ragoût de lièvre en sauce douce-amère au chocolat). La saucisse préférée des Barcelonais, la solide *botifarra*, est souvent servie au printemps avec des *faves a la catalana* (jeunes haricots mijotés avec des lardons, de l'oignon et de l'ail dans une marmite en terre cuite). *Xató* désigne la salade d'olives et d'endives de Sitges, accompagnée de thon ou de morue, et d'une sauce aux poivrons rouges, aux anchois, à l'ail et aux amandes pilées. Le mot catalan pour salade est *amanida*.

Bien qu'originaire des rizières de Valence, la classique *paella* figure en bonne place sur la liste des plats à goûter de plus d'un visiteur à Barcelone. Essayez les restaurants de la Barceloneta pour une *paella* aux moules, palourdes, crevettes et autres poissons. La préparation prend 20 minutes.

Côté desserts, le flan est omniprésent, de même que sa version plus liquide, la *crema catalana* (crème anglaise recouverte de sucre caramélisé). Mélange de miel et de fromage blanc, le *mel i mato* est un régal. Mais sachez que les meilleures friandises sont confectionnées par les alléchantes pâtisseries de Barcelone.

Les boissons

Le vin se trouve sur toutes les tables catalanes. En plus des excellents crus d'Espagne, parmi lesquels ceux de la Rioja, de Navarre et de Ribera del Duero, Barcelone permet de

Tapas

Les *tapas*, ces amuse-bouche auxquels les bars et cafés espagnols doivent leur réputation, sont disponibles en d'infinies variations : olives, amandes salées, salades de légumes, calmars grillés, crevettes à l'ail, homard en mayonnaise, boulettes de viande, pommes de terre épicées, parts d'omelette, tranches de saucisson et fromage. Le choix est parfois étonnamment créatif, surtout dans les bars à *tapas* basques, extrêmement populaires. *Tapear* consiste à aller de bar en bar, en consommant seulement deux *tapas* dans chacun. Un plat plus gros qu'une *tapa* est une *porción*. Une *ración*, plus généreuse, se partage ; il y a aussi la *media ración*. Mais surtout, les *tapas*, servies toute la journée, permettent de goûter à de nouvelles saveurs.

Le Torres rouge est un des meilleurs vins du Penedès.

goûter à de bons vins régionaux. Le Penedès, la région viticole qui s'étend immédiatement à la sortie de Barcelone, produit le célèbre *cava* et d'excellents vins. Le *cava* s'accorde à merveille avec les fruits de mer et la plupart des *tapas*. Parmi les rouges du Penedès, goûtez le Torres Gran Corona, le Raimat et le Jean Léon. Les superbes vins rouges du Priorato, robustes et chers, rivalisent avec les meilleurs crus d'Espagne.

La *sangría*, obtenue en macérant des fruits dans du vin rouge et du cognac (les bars ont souvent leur propre recette), est plus appréciée des visiteurs que des Catalans. Les bières espagnoles, disponibles en bouteilles ou à la pression, sont légères et rafraîchissantes. Un demi est appelé *caña.*

Vous trouverez aussi toutes sortes de sherry *(jerez)*. Sec et clair, le *fino* est parfois pris en apéritif ou avec de la soupe ou du poisson. L'*oloroso*, sombre et riche, est bon après le dîner. Le sherry espagnol peut être excellent ou inbuvable : on a souvent pour son argent. D'autres spiritueux, fabriqués en Espagne sous licence, sont généralement moins chers. Le whisky importé est à la mode, mais reste cher.

Le café est servi noir *(solo)*, avec un pot de lait *(cortado/tallat)*, ou allongé de lait chaud *(con leche)*. Tous les sodas incontournables sont également disponibles, et parfois aussi du jus d'orange fraîchement pressé. Très appréciée, la *horchata de chufa*, sans alcool, est un rafraîchissement laiteux au goût d'amande. C'est la spécialité de petits bars, les *horchaterías*, qui vendent aussi des glaces.

Pour commander (en espagnol)

Pourrions-nous avoir une table ?	**¿Nos puede dar una mesa, por favor?**
Avez-vous un menu du jour ?	**¿Tiene un menú del dia?**
J'aimerais un/une...	**Quisiera un/una...**
L'addition, s'il vous plaît.	**La cuenta, por favor.**

Déchiffrer la carte

cerveza	bière	**leche**	lait
pan	pain	**langosta**	homard
calamares	calamars	**bocadillo**	sandwich
postre	dessert	**arroz**	riz
pescado	poisson	**ensalada**	salade
azúcar	sucre	**helado**	glace
agua	eau	**vino tinto/blanco**	vin rouge/blanc
verduras	légumes	**atún**	thon
mariscos	fruits de mer	**bacalao**	morue
mejillones	moules	**cocido**	ragoût
boquerones	anchois	**morcilla**	boudin noir
berenjenas	aubergines	**cangrejo**	crabe
caracoles	escargots	**pollo**	poulet
cerdo/puerco	porc	**manzana**	pomme
champiñon	champignon	**queso**	fromage
ternero	veau	**gambas**	crevettes
cordero	agneau	**buey/res**	bœuf
tortilla	omelette	**naranja**	orange
entremeses	hors d'œuvre	**al ajillo**	à l'ail
chorizo	saucisson	**jamón serrano**	jambon cru
judías	haricots	**asado**	rôti
poco hecho	saignant	**al punto**	à point
bien hecho	bien cuit	**a la plancha**	grillé
salsa	sauce	**picante**	épicé
comer	manger	**desayuno**	petit-déjeuner
aceite	huile d'olive	**beber**	boire

INFORMATIONS PRATIQUES

A

AEROPORT *(Aeropuerto)*

L'aéroport de El Prat de Llobregat (tél. 93 928 38 38) est à 12 km au sud de la ville. Dans le terminal A, les bureaux d'information touristique et de réservation hôtelière sont ouverts du lundi au samedi de 9h30 à 20h et le dimanche de 9h30 à 15h (tél. 93 478 47 04). La répartition des vols dans les trois terminaux peut varier. Vérifiez duquel votre vol de retour part.

Pour vous rendre à Barcelone, vous avez le choix entre le train, le bus et les taxis. Le service national des chemins de fer, **Renfe** (tél. 902 24 02 02) assure un service toutes les demi-heures, avec des arrêts à la Estació de Sants et la Plaça de Catalunya. Le trajet dure vingt minutes. Le billet est de 2,80 €. L'**Aerobús** (lun-sam 6h-23h, dim 6h30-22h45, tél. 93 412 00 00) part toutes les quinze minutes des trois terminaux en direction de Sants et de la Plaça de Catalunya, avec plusieurs arrêts en route. L'aller simple coûte 3,95 € et l'aller-retour 5,80 €.

Les **taxis**, garés à la sortie des terminaux, prennent de 12 à 20 € jusqu'au centre-ville. Convenez d'un prix avant le départ.

AMBASSADES ET CONSULATS *(Embajadas y consulados)*

En cas de problème grave (perte de passeport ou d'argent, accident sérieux ou ennuis avec la police), contactez votre consulat ou votre ambassade. Le personnel diplomatique peut appeler vos proches dans votre pays d'origine pour qu'ils envoient de l'argent ou, le cas échéant, contacter un avocat.

Belgique : *Ambassade* : Paseo de la Castellana, 18 (6)
26046 Madrid
tél. 91 577 63 00
Consulat général : Calle Diputacion, 303 (1)
08009 Barcelona
tél. 93 467 70 80

Canada : *Ambassade* : C/ Núñez de Balboa 35
28001 Madrid
tél. 91 423 32 50
Consulat : Plaça de Catalunya 9 (1°, 2ª)
08002 Barcelone
tél. 93 412 72 36

France : *Ambassade* : C/ Salustiano Ológaza 9
28001 Madrid
tél. 91 423 89 00
Consulat général : C/ Marqués de la Ensenada 10 (3°)
28004 Madrid
tél. 91 700 78 00

Suisse : *Ambassade* : C/ Núñez de Balboa 35 (7°)
28001 Madrid
tél. 91 436 39 60
Consulat général : Gran Via de Carlos III 94 (7°)
08028 Barcelone
tél. 93 409 06 50

ARGENT *(Dinero)*

Monnaie *(moneda)*. L'unité monétaire espagnole est, depuis le 1er janvier 2002, l'euro. L'euro (abréviation €) est divisé en 100 *céntimos* (centimes), dont l'abréviation est c ou ct.
Pièces : 1, 2, 5,10, 20 et 50 centimes ; 1 et 2 euros.
Billets : 5, 10, 20, 50, 100, 200 et 500 euros. Les *pesetas* peuvent être échangées indéfiniment auprès de n'importe quelle succursale de la Banco de España.

Banques et bureaux de change *(cambio)*. Les banques et les *cajas/caixos* (caisses d'épargne) pratiquent les meilleurs taux de change, sans commission. Les agences de voyages et les *casas de cambio* (bureaux de change) affichant le panneau *cambio* changeront aussi des devises étrangères en dehors des heures d'ouverture des banques (voir HEURES D'OUVERTURE p. 116). Attention à ceux qui annoncent « sans commission » : leurs taux sont souvent plus bas, si bien que vous payez en fait une forte commission. Dans les banques et bureaux de change, les chèques de voyage sont plus avantageux que les espèces. Munissez-vous toujours de votre passeport pour changer de l'argent.

Où est la banque/le bureau de change la/le plus proche ?	**¿Donde está el banco/la casa de cambio más cercano/cercana?**
Je voudrais changer des francs suisses/des dollars canadiens.	**Quisiera cambiar francos suizos/dólares canadienses.**
Acceptez-vous les chèques de voyage ?	**¿Acepta cheques de viajero?**
Puis-je payer par carte ?	**¿Se puede pagar con tarjeta?**
Combien ça coûte ?	**¿Cuánto vale/es?**

Cartes bancaires *(tarjetas de crédito)*. La plupart des cartes bancaires internationales sont acceptées, bien que certains petits commerces préfèrent les espèces. Les réseaux Visa et Eurocard/Mastercard sont reconnus partout. Leurs cartes permettent également d'obtenir des avances en liquide dans les banques. Enfin, les distributeurs automatiques de billets sont omniprésents en Espagne et à Barcelone ; vous en trouverez sans difficulté.

Chèques de voyage *(cheques de viajero)*. A Barcelone, les hôtels, les magasins, les restaurants et les agences de voyages changent les chèques de voyage, ainsi que les banques, où vous êtes presque certain d'obtenir un meilleur taux. Vous aurez toujours besoin de votre passeport. Faites changer par petites sommes et gardez le reste de vos chèques de voyage dans le coffre de l'hôtel. Enfin, notez le numéro de chaque chèque séparément pour qu'ils puissent être remplacés rapidement en cas de perte ou de vol.

Dépenses. Grâce à un taux d'échange plutôt avantageux, Barcelone est en général moins chère que les autres grandes villes européennes, comme Londres, Paris ou Rome. Le **transport** ne coûte plus les yeux de la tête : pour les Européens, les vols sont courts et directs. En plus des lignes régulières (Air France et Iberia) et des vols charters, plusieurs compagnies pas chères proposent des tarifs réduits, surtout sur l'internet. Pour les voyageurs non-Européens, le prix du vol représentera une grosse part du budget. Des offres spéciales temporaires et formules tout compris sont toutefois disponibles. Enfin, vous ne devrez pas forcément faire escale à Madrid comme c'était le cas dans le passé.

Le coût des **transports en commun** en ville est dérisoire (voir TRANSPORTS p. 125), et les taxis pratiquent des tarifs honnêtes.

Côté **hébergement**, les hôtels de Barcelone, comme ceux de Madrid, sont les plus chers d'Espagne, mais les trois ou quatre-étoiles sont d'un bon rapport qualité-prix. Souvent, ni le petit-déjeuner, ni l'IVA (TVA) de 7% ne sont inclus. Reportez-vous aux fourchettes de prix de la section HÔTELS RECOMMANDÉS *(voir p. 128)*.

Pour l'**alimentation**, même si les restaurants ne sont pas vraiment bon marché, ils restent moins chers que ceux des capitales européennes. Le *menú del día* (menu du jour), servi à midi et parfois le soir, permet de faire des économies. Les vins espagnols sont abordables, même dans les grands restaurants.

Les excursions, les visites et les activités sportives constitueront votre plus gros poste de dépenses. Presque tous les musées et galeries sont payants, mais les prix sont modérés. Les entrées en boîte de nuit ou discothèque coûtent cher, de même que les consommations.

C

CARTES ET PLANS

Depuis 1985, les rues de Barcelone et de la plupart des villes de Catalogne ont retrouvé leur nom catalan. Ainsi Lérida est redevenue Lleida, et San Carlos, Sant Carles, etc. Les plans antérieurs à cette date indiquent tout en espagnol, voire des noms complètement différents.

A Barcelone, nombre de rues sont à sens unique et/ou avec une interdiction de tourner à gauche ou à droite. Un plan précis indiquant les noms de rue s'avèrera d'un grand secours, voire indispensable, si vous conduisez en ville. Le *Guía Urbana de Barcelona* reste le plus complet et le plus utile.

Je voudrais un plan de la ville/ une carte routière de la région.	**Quisiera un plano de la ciudad/ un mapa de carreteras de esta región.**

CLIMAT ET HABILLEMENT

Avec son climat méditerranéen tempéré, Barcelone est ensoleillée la plus grande partie de l'année. Les grands froids y sont rares. Le printemps et l'automne sont les saisons les plus agréables car, au cœur de l'été, il peut faire très chaud et humide. Parfois, un brouillard épais de pollution reste suspendu au-dessus de la ville.

Habillement *(ropa)*. Les Barcelonais, en général très élégants, apprécient les vêtements à la mode. Pour les hommes, mieux vaut porter un veston dans les restaurants et les discothèques. Dans des établissements plus informels, la combinaison jean-T-shirt passe très bien. En revanche, personne ou presque ne dîne en short et chaussures de sport, sauf dans les cafés du bord de mer. De novembre à avril, prévoyez une veste chaude ou un pull, et un imperméable. Le reste de l'année, les vêtements d'été sont de rigueur.

COMMENT Y ALLER

En avion

L'aéroport de Barcelone est desservi par des vols directs quotidiens partant de toute l'Europe. Grâce à l'apparition des compagnies pas chères et à une concurrence accrue, les voyages en avion coûtent de moins en moins cher. Il est également recommandé de consulter les tarifs de la compagnie nationale espagnole Iberia. En réservant par internet, vous trouverez des tarifs imbattables, mais aussi les offres de dernière minute des compagnies régulières.

Au départ de la Belgique. Deux ou trois vols journaliers font la liaison entre Bruxelles et Barcelone en moins de deux heures.

Au départ du Canada. A défaut d'un vol direct Montréal-Barcelone, vous devrez faire escale dans une grande ville européenne (Londres, Paris, Madrid, etc., selon la compagnie aérienne). Le temps de vol est de huit heures et demie, presque dix heures avec les escales.

Au départ de la France. En plus des cinq vols quotidiens au départ de Paris, d'autres compagnies aériennes assurent la liaison depuis Lyon, Bordeaux et Marseille une dizaine de fois par jour, avec ou sans escale.

Au départ de la Suisse. Les vols au départ de Genève rallie Barcelone en une heure et demie.

Au départ d'Espagne. Iberia (tél. 902 40 05 00) et Air Europa (tél. 902 401 501) assurent la plupart des vols intérieurs, notamment entre Barcelone et Madrid (une heure de trajet).

En bateau

Seuls les visiteurs en provenance des îles Baléares arrivent à Barcelone en bateau. Buquebus (tél. 971 40 09 69, www.buquebus.com) est le ferry le plus rapide au départ de Majorque : la traversée dure trois heures. Les bateaux partent de Barcelone à 8h du lundi au vendredi, à 8h et à 16h le vendredi et le samedi. Le retour de Palma et Majorque est à 20h le vendredi et le dimanche, et à 19h30 les autres jours. Trasmediterránea (Moll Sant Bertran 3, tél. 93 295 91 00, www. trasmediterranea.es) assure une liaison ferry pour les îles Baléares. La traversée dure normalement huit heures mais, en été, le ferry express met quatre heures.

En train

Commes les voies ferrées espagnoles sont plus larges que les françaises, il faut changer de train à la frontière, en général à Port-Bou. Mais les trains à grande vitesse **Talgo** et **Trans-Europ-Express**, équipés d'essieux à écartement réglable, effectuent une liaison directe. Efficaces et modernes, ces deux services constituent un moyen agréable de se rendre à Barcelone.

Talgo part de Paris et Zurich et assure plusieurs liaisons rapides avec d'autres villes d'Espagne, notamment Madrid. Les trains arrivent à Estació de França, près du parc de la Ciutadella (métro Arc de Triomf). Le terminus des autres services est à Estació Sants (métro Sants). **Renfe** (tél. 93 490 02 02 pour les services intérieurs, tél. 902 24 34 02 pour les lignes internationales) est le service national des chemins de fer espagnols. Les trains régionaux de Catalogne sont opérés par Ferrocarrils Generalitat de Catalunya (FGC, tél. 93 205 15 15).

Renfe offre des réductions substantielles aux jeunes de moins de 26 ans et aux plus de 65 ans. Renseignez-vous sur les tarifs préférentiels en cours dans une agence de voyages, une gare ou, à Barcelone, au guichet d'information de Sants, ou en appelant Renfe au numéro ci-dessus.

Les résidents de l'UE peuvent se déplacer avec la carte **Inter-Rail**, **Inter-Rail Plus** ou **Inter-Rail -26**, pour un mois de voyages illimités sur les réseaux européens, répartis en huit zones. Avant de quitter leur pays d'origine, les visiteurs vivant hors de l'UE peuvent se procurer la carte **Eurail Pass**, pour des trajets illimités dans 17 pays d'Europe. Les jeunes de moins de 26 ans ont droit à une formule moins chère, l'**Eurail Pass Youth**.

En autocar

Les lignes régulières de **Eurolines** (tél. 902 40 50 40, www.eurolines.com) desservent Barcelone à partir d'un grand nombre de métropoles européennes, mais aussi des grandes villes d'Espagne.

En voiture

Que vous partiez de Bruxelles, Paris ou Lyon, vous emprunterez l'autoroute de la vallée du Rhône. Les automobilistes suisses rejoindront l'A7 à Valence-sur-Rhône.

Quelques distances par la route : de Bruxelles à Barcelone via Paris, il y a 1 400 km, 1 100 km de Paris à Barcelone, et 800 km de Genève à Barcelone.

Les autoroutes de la périphérie de Barcelone sont en excellent état, et la circulation est dense et rapide. L'A-7 arrive à Barcelone depuis la France et le nord de la Catalogne. L'A-2 relie Barcelone à Madrid, Saragosse et Bilbao. Enfin, depuis Valence ou la Costa del Sol, prenez la route E-15 vers le nord.

CONDUIRE EN ESPAGNE

En cas de problème, les automobilistes devront présenter une pièce d'identité, un permis de conduire en cours de validité, le certificat d'immatriculation (« carte grise ») du véhicule et un certificat international d'assurance (« carte verte », obtenue auprès de votre compagnie d'assurances ou à la frontière). Le permis de conduire international n'est pas obligatoire pour les résidents de l'UE. Munissez-vous aussi d'un certificat de cautionnement, délivré par votre assureur. En Espagne, si vous blessez quelqu'un dans un accident de la route, vous risquez d'être emprisonné pour la durée de l'enquête. Le certificat de cautionnement vous évitera ce désagrément.

Conditions de circulation. Dans Barcelone, les routes sont très encombrées, et le réseau de boulevards périphériques peut s'avérer déroutant. En dehors de Barcelone, le long de la côte et à l'intérieur de la Catalogne jusqu'aux Pyrénées, les routes sont en excellent état. Les autoroutes *(autopistas/autorutas)* sont souvent soumises à un péage *(peaje/peatje)*. Lorsque vous passez la frontière française à la Jonquera, suivez l'autoroute A-7 pour Barcelone. Consultez les informations routières au 900 123 505.

Règles de circulation. L'autocollant indiquant le pays d'immatriculation du véhicule n'est plus indispensable. En revanche, le port de la ceinture de sécurité *(cinturón)* est obligatoire à l'avant et à l'arrière. La plupart des amendes pour infraction au code de la route sont payables immédiatement. Les règles de circulation sont les mêmes que dans le reste de l'Europe, notamment pour la priorité à droite : vous devez céder le passage à tout véhicule arrivant sur votre droite, à moins d'une indication contraire.

La vitesse est limitée à 120 km/h sur les autoroutes, 100 km/h sur les voies rapides à 2x2 voies, 90 km/h sur les routes normales, et à 50 km/h en agglomération. Restez vigilant car les Espagnols ne respectent pas vraiment les limitations de vitesse.

La Guardia Civil de Tráfico patrouille en moto sur les routes d'Espagne. Courtois et serviables, ces policiers ne plaisantent pas avec les auteurs d'infraction. Si vous buvez de l'alcool, ne prenez pas le volant : le seuil toléré d'alcool dans le sang est très bas, et les amendes sévères.

Carburants. Les nombreuses stations-service proposent de l'essence *(gasolina)* sans plomb 95 et 98, ainsi que du gazole pour les moteurs diesel.

Signalisation *(señales de tráfico)*. Les panneaux utilisent les pictogrammes européens standard. Les panneaux écrits sont bilingues, en espagnol et en catalan.

Stationnement. Trouver une place de parking à Barcelone peut s'avérer très difficile. Les « zones bleues », indiquées par un P bleu, sont équipées d'horodateurs. Les parkings souterrains, eux aussi signalés par un P blanc et bleu, sont considérés comme les plus sûrs.

Accidents et assistance. Pour les urgences, composez le **112**. Les autoroutes sont équipées de téléphones de secours. Le RACC (Automobile club royal de Catalogne, tél. 900 36 55 05) peut s'avérer utile. Les garages sont en général efficaces, mais les réparations peuvent prendre longtemps. Les pièces détachées pour les véhicules les plus courants ou construits en Espagne sont aisément disponibles. Pour les autres, il faudra peut-être les importer.

¡Alto!	Stop!
Aparcamiento	Parking
Autopista	Autoroute
Velocidad	Vitesse
Ceda el paso	Cédez le passage
Cruce peligroso	Carrefour dangereux
Curva peligrosa	Virage dangereux
Despacio	Ralentir
Peligro	Danger
Prohibido adelantar	Dépassement interdit
Prohibido aparcar	Stationnement interdit
Abróchese el cinturón.	Attachez votre ceinture.
Gasolina sin plomo	Super sans plomb
Papiers du véhicule	Permiso de circulación
Est-ce la bonne route pour…?	¿Es ésta la carretera hacia…?
Le plein, SVP.	Lléne el depósito, por favor.
normal/super	normal/super
Veuillez vérifier le niveau d'huile/les pneus/la batterie.	Por favor, controle el aceite/ los neumáticos/la batería.
Puis-je me garer ici ?	¿Se puede aparcar aquí?
Ma voiture est tombée en panne.	Mi coche se ha estropeado.
Il y a eu un accident.	Ha habido un accidente.
Permis de conduire (international)	Carnet de conducir (internacional)

D

DECALAGE HORAIRE

Comme la plupart des pays d'Europe de l'ouest, l'Espagne vit à l'heure GMT+1. L'heure d'été commence le dernier dimanche de mars jusqu'au dernier dimanche d'octobre, où les pendules sont retardées d'une heure. L'Espagne est donc à la même heure que Paris et a six heures d'avance sur Montréal.

DOUANE ET FORMALITES D'ENTREE *(Aduana)*

Le processus est simple pour les résidents de l'UE : même si vous devez l'avoir sur vous, votre passeport ne sera pas tamponné. Les ressortissants de pays non-membres de l'UE devront obtenir un visa, à moins que le pays concerné ait signé un accord de réciprocité avec l'Espagne. L'ambassade d'Espagne dans votre pays d'origine vous donnera tous les renseignements sur les formalités en vigueur concernant les passeports et visas.

La circulation des articles de consommation individuelle est libre entre l'Espagne et les autres pays de l'UE. Les articles hors taxes *(duty free)* font encore l'objet de certaines restrictions.

Restrictions monétaires. Aucune limitation ne s'applique sur la quantité de devises nationales ou étrangères introduites en Espagne. Si vous prévoyez d'emporter ou de faire sortir une grosse quantité d'argent, sachez que les sommes en liquide dépassant une valeur de 6 000 € (ou équivalent) doivent être déclarées.

E

EAU *(Agua)*

Même si elle est potable, l'eau de Barcelone est quasi imbuvable tant elle est javellisée. L'eau en bouteille, gazeuse *(con gas)* ou plate *(sin gas)*, est bien meilleure et largement disponible.

ELECTRICITE *(Corriente eléctrica)*

Le voltage est de 220, mais, par mesure de sécurité, il n'est que de 110-120 V dans les salles de bain de certains hôtels. Vérifiez avant de brancher un appareil. Les prises sont prévues pour des fiches rondes à deux broches. Au besoin, achetez un adaptateur. Pour les appareils électriques d'Amérique du Nord, un transformateur est nécessaire, sauf s'ils sont équipés du double voltage.

G

VOYAGEURS GAYS ET LESBIENNES

Barcelone abrite une communauté homosexuelle très active et d'innombrables clubs et possibilités de sorties. Comme la croyance catholique conservatrice prédomine encore dans certaines zones, les visiteurs gays et lesbiennes devraient rester discrets. En plus d'un numéro d'appel spécial (900 601 601), un magazine gratuit, *Nois*, publie une liste de clubs, restaurants et autres lieux de sortie. Casa Lambda (Verdaguer i Callís 10, tél. 93 319 55 50, www.lambdaweb.org) est un centre culturel homosexuel.

GUIDES ET EXCURSIONS *(Guías y excursiones)*

Des guides officiels francophones ou des interprètes peuvent être engagés par l'intermédiaire du Barcelona Guide Bureau (Via Laietana 54, tél. 93 268 24 22) ou des City Guides (Ronda Universitat 21, tél. 93 412 06 74).

Excursions en bus. Barcelona Bus Turístic propose un circuit passant par 24 sites de la ville, suivant deux itinéraires. Vous montez et descendez du bus à votre guise. Les deux itinéraires partent de la Plaça de Catalunya (tlj à 9h sauf 25 décembre-1er janvier). Un horaire est affiché à chacun des arrêts. Le circuit dure environ trois heures. Les billets peuvent être achetés à bord du bus ou au bureau Turisme de Barcelona (Plaça de Catalunya, tél. 906 301 282).

Circuits à vélo. Un Cotxe Menys (Espartería 3, tél. 93 268 21 05) organise des visites à vélo dans la vieille ville et en bord de mer ; un des circuits comprend le dîner.

Balades à pied. Barcelona Walking Tours propose des visites guidées à pied du Quartier gothique tous les samedis à 10h (en anglais) et 12h (espagnol et catalan). La balade part de la Plaça de Catalunya, à l'office de tourisme (tél. 906 301 282).

Circuit d'architecture. La Ruta del Modernisme (route du modernisme) permet de visiter les principaux édifices modernistes. Vous obtiendrez un plan et un ticket donnant droit à 50% de réduction sur tous les sites du circuit. Certains, comme le Palau de la Música et le Palau Güell, font l'objet de visites guidées, mais la plupart sont en visite libre. Tickets et informations à la Casa Amatller (Passeig de Gràcia 41, tél. 93 488 01 39) ou au bureau d'information de la Virreina, (Rambla 99, tél. 93 316 10 00).

H

HEBERGEMENT(*Alojamiento*, voir HÔTELS RECOMMANDÉS p. 128)

Avec les Jeux Olympiques, nombre d'**hôtels** plus que nécessaires sont sortis de terre à Barcelone. Malgré tout, trouver une chambre reste difficile ; mieux vaut donc réserver à l'avance. En Espagne, les hôtels sont classés par étoiles (5 étoiles de luxe étant la catégorie la plus haute). Les deux tiers des hôtels de la ville affichent trois ou quatre étoiles, une classification qui semble parfois arbitraire. Le petit-déjeuner est rarement compris dans le prix de la chambre, et la TVA de 7% s'ajoute encore à la note finale.

L'office de tourisme (Plaça de Catalunya, tél. 906 301 282) propose un service de renseignement et de réservations hôtelières. Barcelona On Line (www.barcelona-on-line.es) réservera en votre nom, selon les critères sélectionnés sur leur site internet.

Pour les visiteurs à budget plus limité, il y a des centaines de **chambres d'hôtes** *(hostales, pensiones)* classées et des **auberges de jeunesse** *(albergues de juventud)*. Celles listées ci-dessous sont très fréquentées en été. Veillez à réserver longtemps à l'avance.
Albergue Juvenil Palau, Carrer Palau 6, tél. 93 412 50 80.
Gothic Point, Carrer Vigatans, tél. 93 268 78 08, fax: 93 310 77 55.
Hostal de Joves, Passeig de Pujades 29, tél/fax 93 300 31 04.
Kabul, Plaza Reial 17, tél. 93 0318 51 90, fax 93 419 301 40 34.
Mare de Déu de Montserrat, Mare de Déu de Coll 41–52, tél. 93 210 51 51, fax 93 210 07 98.
Pere Tarrès, Numància 149, tél. 93 410 23 09, fax 93 419 62 68.

HEURES D'OUVERTURE

La plupart des **commerces** indépendants ferment en début d'après-midi pour le déjeuner (et la sieste !), mais les grands magasins restent ouverts toute la journée, de 10h à 21h30. En général, les commerces sont ouverts de 9h30 à 13h30 et 16h à 20h du lundi au samedi.

Les **bureaux de poste** n'ouvrent que le matin, de 9h à 14h du lundi au vendredi et de 9h à 13h le samedi (voir aussi POSTES ET TÉLÉCOMMUNICATIONS p. 121-122).

Les **banques** sont ouvertes de 8h30 à 14h du lundi au vendredi et de 9h à 13h le samedi.

Les **services administratifs** ouvrent de 9h à 14h et 16h à 20h du lundi au vendredi. En été, nombre de services font les *horas intensivas*, de 8h à 15h, pour éviter les heures les plus chaudes de la journée.

Les **musées** ouvrent de 9h à 13h et 16h à 20h tous les jours sauf lundi, mais il y a des exceptions.

I

INTERNET

Barcelone compte nombre d'endroits où se connecter à l'internet pour pas cher. Essayez les deux cafés EasyInternet (Rambla 31 et

Ronda Universitat 35, ouverts 24h/24) ; Net-Movil (Rambla 130, tél. 93 342 42 04, ouvert tlj 10h-minuit) ; Café de Internet (Gran Vía de les Corts Catalanes 656, tél. 93 412 19 15, ouvert lun-sam 9h-minuit) ; Email from Spain (Rambla 42, tél. 93 481 75 75, ouvert lun-sam 10h-20h) ; et BCNET Internet Gallery Café (Barra de Ferro 3, tél. 93 268 15 07), près du Musée Picasso.

Avant votre départ, plusieurs sites internet vous fourniront de précieuses informations sur Barcelone.

Barcelona Ajuntament (mairie) : www.bcn.es
Office de tourisme de Barcelone : www.barcelonaturisme.com
Barcelone en ligne : www.barcelona-on-line.es
Generalitat de Catalunya : www.gencat.es
Maison de la Catalogne : www.catalogne.infotourisme.com
Office de tourisme d'Espagne : www.espagne.infotourisme.com
Ruta del Modernisme : www.rutamodernisme.com
Information transports : www.tmb.net

JOURS FERIES *(Fiestas)*

Au début de l'année, la liste des jours fériés est publiée.

1er janvier : Año Nuevo	Jour de l'An
6 janvier : Epifania	Epiphanie
1er mai : Fiesta del Trabajo	Fête du Travail
24 juin : San Juan	Saint-Jean
15 août : Asunción	Assomption
11 septembre : Diada	Fête nationale de Catalogne
24 septembre : La Mercè	Sainte Patronne de Barcelone
1er novembre : Todos los Santos	Toussaint
6 décembre : Día de la Constitución	Fête de la Constitution
8 décembre : Imaculada Concepción	Immaculée Conception
25 décembre : Navidad	Noël
26 décembre : San Esteban	Saint-Etienne

Fêtes mobiles :	Viernes Santo	Vendredi saint
	Lunes de Pascua	Lundi de Pâques
	Corpus Christi	Corpus Christi

L

LANGUE

Le catalan *(catalá)* et l'espagnol *(castellano)* sont les deux langues officielles de Catalogne. Dans la pratique, tous ceux qui, à Barcelone, parlent catalan, parlent aussi espagnol. Mais tous les résidents venus d'autres régions d'Espagne ne parlent pas catalan. La langue native connaît une formidable renaissance, surtout parce qu'elle fait partie de l'identité culturelle catalane, et nombreux sont ceux qui ne parlent espagnol que quand ils sont vraiment obligés.

Les plaques des rues sont rédigées en catalan, mais les indications des musées et les menus des restaurants apparaissent dans les

Français	**Catalan**	**Espagnol (castillan)**
Bonjour	**Bon dia**	**Buenos días**
Bonjour (après-midi)	**Bona tarda**	**Buenas tardes**
Bonsoir	**Bona nit**	**Buenas noches**
Au revoir	**Adéu**	**Adiós**
Salut	**Hola**	**Hola**
A plus tard	**Fins despr'es**	**Hasta luego**
S'il vous plaît	**Si us plau**	**Por favor**
Merci	**Gràcies**	**Gracias**
De rien	**De res**	**De nada**
Bienvenue	**Benvinguts**	**Bienvenido**
Parlez-vous français ?	**¿Parla francès?**	**¿Habla francès?**
Je ne comprends pas.	**No ho entenç.**	**No entiendo.**
Combien ça coûte?	**¿Quant es?**	**¿Cuánto vale/es?**
Ouvert/fermé	**obert/tancat**	**abierto/cerrado**

deux langues. Apprendre quelques expression en catalan vous vaudra un sourire de reconnaissance, mais vous vous débrouillerez partout avec l'espagnol. C'est pourquoi la plupart des termes listés ici sont en espagnol.

LOCATION DE VEHICULES

Vélos *(alquiler de bicicletas).* Plusieurs magasins louent des vélos : Icària Sports (Avenida Icària 180, tél. 93 221 17 78) en est un ; Filicletos (Passeig de Picasso 40, tél. 93 319 78 11), d'où le parc de la Ciutadella et le bord de mer sont aisément accessibles, propose aussi des sièges d'enfant et des tandems ; Un Cotxe Menys (tél. 93 268 21 05) loue des bicyclettes et organise des balades à vélo, dont une comprend le dîner, dans la Ribera et le Quartier gothique, et en bord de mer. Pour plus de renseignements, contactez Amics de la Bici (Demóstenes 19, tél/fax 93 339 40 60).

Voitures *(alquiler de coches).* A moins que vous envisagiez de parcourir la Catalogne, une voiture n'est pas indispensable à Barcelone. Les excursions des pages 73-79 peuvent s'effectuer par les transports en commun. A Barcelone, le stationnement pose problème et les embouteillages sont nombreux : une voiture serait plus une gêne qu'un avantage.

Si vous avez besoin d'un véhicule, les principaux loueurs internationaux (Avis, Hertz, Budget, National) et espagnols ont des agences à l'aéroport et en centre-ville. La TVA de 15% s'ajoute à la note finale ; elle sera toutefois incluse dans le total si vous payez d'avance (cette solution coûte souvent moins cher). Vérifiez que le coût de l'assurance, obligatoire, est compris dans le prix. La plupart des loueurs vous demanderont de payer par carte bancaire ou de l'utiliser comme caution. Vous devez avoir plus de 21 ans et être titulaire du permis de conduire depuis plus de six mois. Les non-résidents de l'UE doivent obligatoirement se munir d'un permis de conduire international.

M

MEDIAS

Journaux et magazines *(periódicos y revistas)*. Les kiosques de la Rambla proposent les principaux quotidiens français, anglais et allemands, ainsi que l'*International Herald Tribune* et un bon choix de magazines européens et américains. Le *Guía del Ocio*, pour ceux qui parlent un peu espagnol, répertorie les bons restaurants, les cinémas, les théâtres et les concerts. *Barcelona* et *Vivir en Barcelona* donnent des informations sur la ville.

Radio et télévision *(radio y televisión)*. Dans les hôtels et restaurants, les postes de télévision diffusent souvent des chaînes de sport, internationales ou espagnoles. Les chambres d'hôtels reçoivent des chaînes du câble ou du satellite en français, anglais et allemand.

O

OFFICES DE TOURISME *(Oficinas de información turística)*

Offices de tourisme à l'étranger

Belgique : *Office Espagnol de Tourisme*
Rue Royale, 97 1000 Bruxelles
tél. 02-280 19 26 ou 02-280 19 29

Canada : *Tourist Office of Spain*
2 Bloor Street West, Suite 3402
Toronto, Ontario M4W 3E2
tél. (416) 961 3131

France : *Office de tourisme de Catalogne espagnole*
4-8, cours du Commerce Saint-André, 75006 Paris
tél. 01 40 46 85 28
Office de tourisme d'Espagne
43, rue Descamps, 75784 Paris cédex 16
tél. 01 45 03 82 50

Suisse : *Office de tourisme d'Espagne*
5, rue Ami-Lévrier, 2e étage, 1201 Genève
tél. (022) 731 11 33

Offices de tourisme à Barcelone

Pour des renseignements d'ordre général composez le **010** ou contactez Turespaña (tél. 900 300 600).

L'office de tourisme principal de Barcelone, Turisme de Barcelona, se trouve sur la Plaça de Catalunya (ouvert tlj 9h-21h, tél. 906 301 282 ; 93 368 97 30 si vous appelez de l'étranger ; 93 304 32 32 pour des informations sur les hôtels). L'office de tourisme de l'Ajuntament (municipalité) est sur la Plaça de Sant Jaume (ouvert 8h-20h lun-sam, 8h-14h dim). Le service Informació Turística de Catalunya (ouvert 10h-19h lun-ven, 10h-14h dim, Palau Robert, Passeig de Gràcia 107, tél. 93 238 40 00) fournit des renseignements sur la région entière, en plus de la ville.

Il y a d'autres bureaux à la gare de Sants (ouvert 8h-22h lun-sam) et à l'aéroport, dans le hall d'arrivée (ouvert 9h30-20h lun-sam et 9h30-15h dim, tél. 93 478 47 04).

P

POLICE *(Policía)*

Les forces de police municipales et nationales espagnoles sont efficaces, rigoureuses et courtoises. En général, elles se montrent très compréhensives face aux problèmes rencontrés par les touristes. A Barcelone, composez le 092 pour la police municipale, et le 091 pour la police nationale. Le poste principal se trouve sur Via Laietana 43, tél. 93 301 66 66.

POSTES ET TELECOMMUNICATIONS

Postes *(correos)*. Les bureaux de poste se reconnaissent à un panneau jaune et blanc portant une couronne et les mots *Correos y telé-*

grafos. Ils traitent le courrier et les télégrammes. En revanche, ils ne permettent pas de téléphoner. Le système postal, maintenant plutôt fiable, s'est grandement amélioré au cours des dernières années.

En général, les bureaux de poste ouvrent de 9h à 14h en semaine et de 9h à 13h le samedi. Le bureau principal (tél. 93 216 04 53), sur la Plaça Antoni López, au bout de la Via Laietana près du port, est ouvert de 9h à 21h en semaine et jusqu'à 13h le samedi.

Les **timbres** *(sellos)* sont en vente dans les bureaux de poste et chez les buralistes *(estancos/estancs)*, repérables au panneau marron indiquant *Tabacs*. Les tarifs sont répartis selon quatre régions du monde, comme pour le téléphone : UE, reste de l'Europe, Etats-Unis et Canada, et reste du monde. Comptez une semaine pour recevoir une lettre envoyée en Amérique du Nord, et quatre à cinq jours pour l'Europe. Une lettre *urgente* ou *certificada* (recommandée) devrait être traitée plus vite.

Où est la poste ?	**¿Dónde está el Correo?**
Un timbre pour cette lettre/ carte postale, SVP.	**Por favor, un sello para esta carta/tarjeta postal.**
Je voudrais envoyer cette lettre par avion.	**Me gustaría enviar esta carta por vía aérea.**
urgent (prioritaire)	**urgente**
recommandé	**certificado**
Dans combien de temps arrive-t-elle ?	**¿Cuánto tarda en llegar?**

Téléphone *(teléfono)*. L'indicatif international de l'Espagne est 34, le préfixe de la région de Barcelone est 93, à composer au début de tout numéro de téléphone, même local.

L'opérateur téléphonique, dont les bureaux sont signalés par un panneau bleu et blanc, est indépendant des services postaux. Vous pouvez aussi passer des appels locaux, nationaux ou internationaux à partir de n'importe quelle cabine téléphonique. La plupart fonctionnent avec des pièces et des cartes *(tarjeta telefónica)*, en vente à la poste ou dans les bureaux de tabac ; vous pouvez aussi utiliser une carte bancaire internationale. Les instructions sont données en plusieurs langues.

Pour un appel international, faites d'abord le 00, suivi de l'indicatif du pays et du numéro de téléphone sans le zéro initial. Par exemple, l'indicatif est le 33 pour la France. Les appels sont moins chers après 22h en semaine, après 14h le samedi ou toute la journée le dimanche. Pour obtenir les renseignements, composez le 1003, le 1005 pour les renseignements internationaux et le 1005 pour les renseignements espagnols.

Vous pouvez aussi téléphoner depuis un bureau téléphonique *(locutorios)*, beaucoup plus calmes que les cabines de la rue. Un opérateur passe l'appel et vous payez à la fin.

Les hôtels appliquent souvent un supplément exhorbitant sur les communications passées depuis les chambres. Si vous ne pouvez pas faire autrement, utilisez une carte bancaire internationale. Renseignez-vous auprès de votre opérateur téléphonique avant le départ.

Vous pouvez envoyer des **fax** depuis le bureau de poste principal ou de votre hôtel (où le coût sera plus élevé). A Prisma-Fax, (Jaume I 18, fax 93 319 58 65), vous pouvez envoyer et recevoir des fax.

POURBOIRES *(Propina, servicio)*

Puisque le service est en général compris dans l'addition, les pourboires ne sont pas indispensables, mais il est de bon goût de laisser quelques pièces de monnaie (5% dans un bar, 5 à 10% au restaurant). Pour les chauffeurs de taxi, 5% suffisent.

RELIGION *(Religión, servicios religiosos)*

La Catalogne (et toute l'Espagne) restent essentiellement catholiques. De nombreuses messes sont célébrées dans les églises de Barcelone. Il y a des lieux de culte pour les principales croyances :

l'église anglicane Saint-Georges (Sant Joan de la Salle 41, tél. 93 417 88 67), une synagogue (Avenir 24, tél. 93 200 61 48), et une mosquée au Centro Islàmico (Av. Meridiana 326, tél. 93 351 49 01). L'office de tourisme de la Plaça de Catalunya vous renseignera sur les heures des services religieux, y compris en langue étrangère.

S

SANTE ET SOINS MEDICAUX

Dans l'ensemble, les soins médicaux dispensés à Barcelone sont excellents, et les normes d'hygiène strictes. La plupart des médecins parlent quelques mots de français ou d'anglais.

Les visiteurs de l'Union européenne couverts par la sécurité sociale dans leur pays seront aussi pris en charge en Espagne en cas de soins médicaux ou d'hospitalisation. Ils doivent simplement se munir d'un formulaire E111 avant leur départ. Ce dernier ne couvre malheureusement pas tous les frais de santé. Mieux vaut donc souscrire une couverture médicale supplémentaire, qui fera sans doute partie de votre assurance de voyage.

En cas d'**urgence**, rendez-vous au service des *urgencias* du grand hôpital le plus proche : l'Hospital Sant Pau (Carrer de Sant Antoni Maria Claret 167, tél. 93 436 47 11), derrière la Sagrada Família ; l'Hospital Clinic (Carrer de Casanova 143, tél. 93 227 54 00) ; l'Hospital Cruz Roja (Carrer del Dos de Maig 301, tél. 93 433 15 51). Vous pouvez aussi vous adresser à un *ambulatorio* (centre médical). Composez le **061** ou 93 300 20 20 si vous avez besoin d'une ambulance.

Où est la pharmacie (de garde) la plus proche ?	**¿Donde está la farmacia (de guardia) más cercana?**
J'ai besoin de voir un médecin/dentiste.	**Necesito un médico/dentista.**
J'ai mal à la tête/au ventre.	**Me duele la cabeza/el vientre.**
un rhume/la grippe	**un resfriado/la gripe**

Pour les urgences dentaires, contactez le 93 227 47 47.

Les **pharmacies** *(farmacías)* se retrouvent souvent en première ligne, car les pharmaciens peuvent prescrire des médicaments et fournir un bon diagnostic. Les officines ouvrent aux mêmes heures que les autres commerces, mais il y en a toujours une de garde dans chaque quartier. Le nom et l'adresse de la *farmacía de guardia* sont affichés sur la porte des autres officines. Sinon, appelez le **010**.

T

TOILETTES

L'espagnol a de nombreux termes pour désigner les toilettes : *aseos*, *lavabos*, *servicios* et *WC*, les deux premiers étant les plus courants. Les toilettes pour hommes sont indiquées par un C pour *Caballeros* (messieurs) et celles des dames par un S pour *Señoras.*

Des toilettes fonctionnant avec des pièces de monnaie se trouvent un peu partout en ville. Presque tous les bars et les restaurants mettent leurs toilettes à la disposition du public. Par politesse, mieux vaut alors commander une consommation.

TRANSPORTS

Le réseau de transports en commun de Barcelone est fiable et complet. Se déplacer en ville s'avère facile, rapide et bon marché. Prenez un horaire des trains et des bus (FEVE) à l'office de tourisme ou dans une station de métro. Pour tout renseignement sur les transports publics, appelez le 010 (8h-22h mar-sam).

En bus *(autobús)*. Quelque 70 lignes de bus couvrent tout Barcelone. Les horaires et les itinéraires sont clairement indiqués. Pourtant, si vous visitez Barcelone pour la première fois, le bus n'est peut-être pas la meilleure option. Vous ne reconnaîtrez pas les lieux et les chauffeurs parlent rarement une langue étrangère. Les bus constituent néanmoins un bon moyen de découvrir la ville. Ils circulent tous les jours de 6h à 23h ; les bus de nuit fonctionnent irrégulièrement entre 22h30 et 5h. Vous pouvez acheter un ticket auprès du chauffeur, ou acheter un carnet *(tarjeta multi-viaje T-10)*. Le carnet, en vente dans les stations de métro, les banques et les bureaux de tabac, est valide pour les bus, le métro et les trains urbains.

La ligne 27, touristique, dessert les monuments de la ville. Un autre bus, climatisé, passe toutes les 5 minutes devant les magasins, entre la Plaça de Catalunya et la Plaça de la Reina María Cristina.

En métro. Le métro est rapide, moderne et propre. Ses cinq lignes constituent de loin le meilleur moyen de se déplacer en ville. Le système d'informations sonores est en trois langues : espagnol, catalan et anglais. Les stations sont indiquées par un losange rouge. Des allers simples et des carnets de dix tickets sont disponibles, ces derniers permettant de réaliser une économie de presque 50%. Le métro fonctionne de 5h à 23h en semaine (jusqu'à 2h du matin vendredi et samedi), de 6h à 23h les jours fériés et de 6h à minuit le dimanche.

En train *(tren)*. Les trains régionaux FGC (Ferrocarrils Generalitat de Catalunya) desservent les banlieues éloignées de Barcelone (Gràcia, Sarrià, Pedralbes et Tibidabo), ainsi que les villes voisines comme Terrassa et Sabadell. Si vous ne partez pas pour une de ces destinations, vérifiez bien que vous montez dans un métro et non dans un train : on les confond facilement.

En taxi. Les taxis noirs et jaunes sont présents partout à toute heure. Pendant la journée, ils ne constituent pas la meilleure option car la circulation en ville est dense. Le soir, en revanche, le taxi est le meilleur moyen de rentrer à l'hôtel ou d'aller poursuivre la soirée ailleurs. Les stations de taxis sont en général situées près des hôtels. La lumière verte ou le panneau *libre* signalent un taxi vide.

Parmi les compagnies bien réputées, figurent Radio Móvil (tél. 93 358 11 11), Radiotaxi Verd (tél. 93 266 39 39) et Taxigroc (tél.

93 490 22 22). Demandez le prix avant de monter à bord. Les tarifs, fixes, sont affichés en plusieurs langues sur la vitre. Vérifiez que le compteur a bien été remis à zéro. Refusez de monter si le chauffeur prétend que le compteur ne marche pas.

U

URGENCES

Police nationale (en dehors de Barcelone) : 091
Police municipale (Barcelone) : 092
Incendies : 080
Urgences : 061

V

VOLS ET DELITS (voir aussi URGENCES et POLICE)

Faites toujours attention aux pickpockets et aux voleurs à la tire, surtout sur la Rambla, dans la vieille ville (El Raval en particulier), tous les sites touristiques importants, comme la Sagrada Família, et les endroits bondés comme les marchés. Ne vous aventurez pas dans les allées sombres et désertes, surtout la nuit. Ne laissez pas vos bagages sans surveillance. N'emportez pas plus d'argent que nécessaire pour vos dépenses de la journée, et utilisez le coffre de l'hôtel pour entreposer les objets de valeur. Photocopiez vos papiers d'identité et laissez les originaux en sûreté à l'hôtel. Portez votre appareil photo en bandoulière. Ne laissez aucun objet de valeur en vue dans une voiture.

Des policiers en bleu patrouillent sur la Rambla et les principales artères. Si vous êtes victime d'un vol ou d'une agression, portez plainte *(denuncia)* auprès du poste de police *(comisaría)* le plus proche ; la plainte est indispensable pour obtenir un remboursement par votre assureur. La police fournit un service d'assistance 24h/24 (Rambla 43, tél. 93 290 30 00), où des interprètes sont disponibles.

Hôtels recommandés

De nombreux hôtels nouveaux, la plupart des quatre et cinq étoiles, ont été construits à Barcelone en prévision des Jeux Olympiques d'été de 1992. Après les JO, la surabondance annoncée de chambres et d'hébergement ne s'est jamais concrétisée, car la popularité de Barcelone ne cesse de croître.

Les hôtels les plus intéressants, la plupart de gamme moyenne, sont ceux de l'Eixample, le damier de rues commerçantes et de bâtiments modernistes au nord de la Plaça de Catalunya, ou dans la Ciutat Vella, qui regroupe la Rambla et le Barri Gòtic. Pourtant, les touristes tendent à se fixer sur la Rambla, malgré le tapage nocturne et la foule présente en permanence.

Les hébergements sont très souvent complets, même hors saison. Veillez donc à réserver longtemps à l'avance.

Nombreux sont les hôtels qui proposent des offres spéciales et des forfaits weekend. Les prix n'incluent ni le petit-déjeuner, ni la TVA de 7%. Les fourchettes de prix indicatifs donnent le tarif par nuit d'une chambre double en haute saison :

€€€€	plus de 240 euros
€€€	de 115 à 240 euros
€€	de 65 à 115 euros
€	moins de 65 euros

EIXAMPLE

Alexandra €€€€ *Carrer de Mallorca 251, tél. 93 467 71 66, fax 93 487 21 24, www.hotel-alexandra.com.* Cet hôtel d'affaires est superbement situé entre la Rambla de Catalunya et le Passeig de Gràcia. Les chambres ne sont pas grandes mais confortables et bien aménagées. Accès handicapés. 75 chambres et 4 suites.

Balmes €€€ *Carrer de Mallorca 216, tél. 93 451 19 14, fax 93 451 00 49, www.derbyhotels.es.* Membre de la chaîne hôtelière

Derby, cet hôtel promet les « *avantages de la campagne au cœur de la ville* ». Situé près des immeubles modernistes, il abrite une collection d'art africain et de tableaux contemporains. Il y a un beau jardin et une piscine. 100 chambres.

Gran Hotel Havana €€€€ *Gran Vía de les Corts Catalanes 647, tél. 93 412 11 15, fax 93 412 26 11, www.hoteles-silken.com.* Cet hôtel contemporain ultra-moderne, aménagé dans une grande demeure de 1872 sur la Gran Vía, propose un hébergement de luxe à un prix presque raisonnable. Les éléments *design*, si caractéristiques de Barcelone, se retrouvent dans chaque détail. Accès handicapés. 145 chambres.

Astoria €€€ *Carrer de París 203, tél. 93 209 83 11, fax 93 202 30 08, www.derbyhotels.es.* Un autre fleuron de la chaîne Derby, cet hôtel de luxe calme est à quelques pas des superbes magasins de la Diagonal. Construit dans les années 1950, l'Astoria, complètement rénové et extrêmement élégant, est sans doute un des meilleurs trois étoiles d'Espagne. Certaines chambres ont un petit salon ou une terrasse. Accès handicapés. 117 chambres.

Avenida Palace €€€€ *Gran Vía de les Corts Catalanes 605, tél. 93 301 96 00, fax 93 318 12 34, www.avenidapalace.com.* C'est l'hôtel où séjourner si la Barcelone passionnée de *design high-tech* vous paraît trop froide et fonctionnelle. Luxueux et richement décoré, il se trouve au cœur de la Rambla, dans une rue animée en permanence. Les chambres sont spacieuses et élégantes. Accès handicapés. 160 chambres.

Claris €€€€ *Carrer de Pau Claris 150, tél. 93 487 62 62, fax 93 215 79 70, site web www.derbyhotels.es.* Membre de la chaîne Derby, cet hôtel situé au cœur de l'Eixample est un des plus élégants et des plus chers de Barcelone. L'aménagement intérieur s'avère très moderne derrière la façade du palais Vedruna. Il abrite un musée d'art égyptien réservé aux clients. Les chambres, souvent sur deux niveaux, voire deux étages pour les suites, respirent un luxe discret, avec un mélange adroit d'antiquités et de *design* catalan. Petite piscine sur le toit. Accès handicapés. 120 chambres.

Comtes de Barcelona €€€€ *Passeig de Gràcia 73-75, tél. 93 488 22 00, fax 93 484 21 90, www.condesdebarcelona.com.* Avec une adresse ultra-chic, tout près de la Pedrera de Gaudí, cet hôtel occupe deux anciens palais se faisant face. Les chambres sont modernes, grandes et élégantes, avec des couleurs vives. Très prisé, surtout des architectes, des *designers* et des touristes européens et japonais. Accès handicapés. 183 chambres.

Duques de Bergara €€€€ *Carrer de Bergara 11, tél. 93 301 51 51, fax 93 317 34 42.* Ce quatre étoiles luxueux, en retrait de la Plaça de Catalunya, occupe les sept étages d'un bel hôtel particulier du XIXe siècle. Les chambres sont assez petites, mais le service est irréprochable et l'ambiance d'une élégance décontractée. Accès handicapés. 150 chambres.

Granvia €€-€€€ *Gran Vía de les Corts Catalanes 642, tél. 93 318 19 00, fax 93 318 99 97, fax réservations 93 487 97 90.* Ce petit hôtel à l'ancienne occupe un palais du XIXe siècle bien situé. Le Granvia existe depuis les années 1930. Les petites chambres sont propres et meublées d'antiquités. Bon rapport qualité/prix. Parking. Accès handicapés. 54 chambres.

Majestic €€€€ *Passeig de Gràcia 68, tél. 93 488 17 17, fax 93 488 18 80, www.hotelmajestic.es.* Ce grand hôtel au succès établi de longue date a été entièrement restauré, de la cave au grenier. Il abrite deux excellents restaurants, dont l'exclusif Drolma. Accès handicapés. 331 chambres.

NH Calderón €€€€ *Rambla de Catalunya 26, tél. 93 301 00 00, fax 93 412 41 93, www.nh-hoteles.es.* Membre de la chaîne NH, connue des hommes d'affaires espagnols pour ses beaux hôtels efficaces, fournissant de nombreuses prestations et un service excellent. Superbe emplacement. Piscine sur le toit. Accès handicapés. 253 chambres.

Regente €€€€ *Rambla de Catalunya 76, tél. 93 487 59 89, fax 93 487 32 27, email rivoli@alba.mssl.es.* Cet hôtel de taille moyenne occupe un hôtel particulier moderniste de 1913 sur la Rambla de

Catalunya. Rénovées en 1997, les chambres sont modernes. Piscine sur les toits. Accès handicapés. 79 chambres.

Ritz €€€€ *Gran Vía de les Corts Catalanes 668, tél. 93 318 52 00, fax 93 318 01 48, www.ritzbcn.com.* Cet hôtel de la Belle Epoque (1913) est un des classiques de Barcelone. Ultra-luxueux et grandiose, il se dresse dans une avenue bordée d'arbres. Chambres majestueuses, certaines avec une cheminée en marbre. Deux ont même une salle de bain à la romaine, ornée de riches mosaïques. Accès handicapés. 127 chambres.

San Medín € *Carrer Gran de Gràcia 125, tél. 93 217 30 68, fax 93 415 44 10.* Les hôtels bon marché sont rares dans l'Eixample. Cette confortable petite pension, située à la cîme du Passeig de Gràcia, gagne donc à être connue.

CIUTAT VELLA — RAMBLA

Catalonia Albinoni €€€ *Avinguda Portal de l'Angel 17, tél. 93 318 41 41, fax 93 301 26 31, www.hoteles-catalonia.es.* Ce nouvel hôtel occupe un bel immeuble ancien dans une rue piétonnière animée, près du Barri Gòtic et de la Rambla. Les chambres sont grandes et bien meublées. Très joli patio. Un bon choix pour se trouver au cœur des choses. Accès handicapés. 74 chambres.

Colón €€€ *Avinguda de la Catedral 7, tél. 93 301 14 04, fax 93 317 29 15.* C'est l'hôtel le plus proche du cœur du Barri Gòtic, juste en face de la cathédrale. Les chambres du 6e ont de grandes terrasses ; demandez-en une avec vue sur la cathédrale. Rénovée en 1992, la décoration paraît déjà vieillote. Ambiance confortable à l'ancienne, pour un des hôtels les plus connus de la ville. Accès handicapés. 147 chambres.

Cuatro Naciones €€ *Rambla 40, tél. 93 317 36 24, fax 93 302 69 85, www.h4n.com.* Cet hôtel à la réputation établie de longue date se trouve sur la partie inférieure de la Rambla. Les environs peuvent être bruyants, mais l'animation est permanente. Télévision satellite dans les chambres. Bar-café. Parking. 34 chambres.

Gran Hotel Barcino €€€ *Carrer de Jaume I 6, tél. 93 302 20 12, fax 93 301 42 42, www.hotelbarcino.com.* Juste en retrait de la Plaça de Sant Jaume, au cœur du Barri Gòtic, cet hôtel moderne est chic et bien agencé. Le lobby, clair et spacieux, est toutefois plus attrayant que les chambres. Accès handicapés. 53 chambres.

Hotel Barcelona €€€ *Carrer de Casp 1-13, tél. 93 302 58 58, fax 93 301 86 74.* A deux pas du Passeig de Gràcia et de la Plaça de Catalunya, c'est un hôtel pratique pour les petits groupes et les hommes d'affaires. Accès handicapés. 72 chambres.

Hotel España €€-€€€ *Carrer de Sant Pau 11, tél. 93 318 17 58, fax 93 317 11 34.* Cet hôtel situé en bas de la Rambla a certes perdu de sa splendeur d'antan, mais il respire la nostalgie. Les magnifiques salons furent décorés par l'architecte moderniste Domènech i Montaner. Les chambres sont simples, mais grandes et propres. Pas de climatisation. 85 chambres.

Gaudí €€€ *Carrer Nou de la Rambla 12, tél. 93 317 90 32, fax 93 412 26 36, www.hotelgaudi.es.* Cet hôtel fait face à une des premières réalisations de Gaudí, le Palau Güell, dans une rue perpendiculaire à La Rambla. Chambres simples, propres et confortables. Accès handicapés. 73 chambres.

Gótico €€€€ *Carrer de Jaume I 14, tél. 93 315 22 11, fax 93 315 21 13.* Situé au cœur de la Ciutat Vella, cet hôtel de taille moyenne, entièrement rénové fin 1999, affiche désormais quatre étoiles. Détails luxueux de haut *design* catalan. 81 chambres.

Jardí €€ *Plaça de Sant Josep Oriol 1, tél. 93 301 59 00, fax 93 318 36 64, email sgs11osa@encomix.es.* Ce petit hôtel du Barri Gòtic donne sur deux des plus jolies places de Barcelone. Chambres bon marché, bien que celles avec vue coûtent un peu plus cher. Rénové récemment et très populaire. Réservation à l'avance indispensable. 42 chambres.

Oriente €€€ *Rambla 45-47, tél. 93 302 25 58, fax 93 412 38 19.* Plein de nostalgique, situé sur la Rambla, ce fut le premier hôtel officiel de Barcelone, construit autour d'un monastère. Ernest Hemingway et Hans Christian Andersen y séjournèrent. Accès handicapés. 150 chambres.

Regencia Colón €€€ *Carrer dels Sagristans 13-17, tél. 93 318 98 58, fax 93 317 28 22.* A deux pas de la cathédrale, ce bon hôtel pratique des prix modérés. Accès handicapés. 55 chambres.

Rialto €€€ *Carrer de Ferrán 42, tél. 93 318 52 12, fax 93 318 53 12.* Petit hôtel moderne et confortable, situé près de la Plaça de Sant Jaume. Accès handicapés. 63 chambres.

Rivoli Rambla €€€€ *Rambla 128, tél. 93 302 66 43, fax 93 317 50 53, e-mail rivoli@alba.mssl.es.* Hôtel très fréquenté situé en plein sur la Rambla : l'incessant défilé s'écoule juste devant la porte d'entrée. Petites chambres. Centre de mise en forme. Jacuzzi et solarium sur la terrasse. Fréquentes promotions. Accès handicapés. 90 chambres.

San Agustí €€ *Plaça de Sant Agustí 3, tél. 93 318 16 58, fax 93 317 29 28.* Un hôtel traditionnel et confortable, sur une jolie petite place près de la Rambla. Accès handicapés. 77 chambres.

Suizo €€€ *Plaça de l'Angel 12, tél. 93 310 61 08, fax 93 268 90 62.* Près de la cathédrale, cet hôtel intime, confortable et chaleureux, a un air du début du XXe siècle. Pratique pour se rendre au Musée Picasso. Accès handicapés. 51 chambres.

Nouvel Hotel €€€ *Carrer de Santa Ana 18-20, tél. 93 301 82 74, fax 93 301 83 70.* Situé dans une rue piétonnière, entre la Rambla et l'avenue Portal de l'Angel, ce petit hôtel abrite un lobby et une salle-à-manger moderniste superbes. Les chambres, plus banales, sont bien équipées. Accès handicapés. 72 chambres.

Peninsular €€ *Carrer de Sant Pau 34, tél. 93 302 31 38, fax 93 412 36 99.* L'hôtel est aménagé dans un ancien monastère augustinien, avec les chambres réparties autour de la cour intérieure. Personnel attentif. Bon rapport qualité/prix. 59 chambres.

Rembrandt € *Carrer de la Portaferrisa 23, tél/fax 93 318 10 11.* Propre, agréable et modeste, cet hôtel de famille se trouve dans une rue piétonnière près de la Rambla. Les chambres, certaines sans salle de bain, sont en haut de plusieurs montées d'escalier. 27 chambres.

Roma Reial €-€€ *Plaça Reial 11, tél. 93 302 03 66, fax 93 301 18 39.* L'hébergement est rudimentaire mais l'emplacement de l'hôtel, sur une place animée, permet de séjourner au cœur de la ville pour pas cher. 52 chambres.

Triunfo €€ *Passeig de Picasso 22, tél/fax 93 315 08 60.* Petite *pensión* modeste mais agréable, près du parc de la Ciutadella et El Born, où la vie nocturne est si riche. 15 chambres.

BORD DE MER (VILA OLÍMPICA)

Hotel Arts €€€€ *Passeig de la Marina 19-21, tél. 93 221 10 00, fax 93 221 10 70, www.ritzcarlton.com.* Ultra-moderne et luxueuse, la tour se dresse sur la plage de la Vila Olímpica. Hôtel extrêmement efficace, décoré dans un style à la fois sophistiqué et discret. Grandes chambres, immenses salles de bain et vue plendides sur la Méditerranée et la ville. Accès handicapés. 455 chambres.

DIAGONAL

Princesa Sofía Intercontinental €€€€ *Plaça de Pius XII 4, tél. 93 508 10 00, fax 93 508 10 01, www.interconti.com.* Luxueux quatre étoiles aménagé dans une tour, cet hôtel situé tout près de la Diagonal et du quartier financier, attire surtout à une clientèle d'affaires. Il est moins pratique pour les touristes. Piscine. Accès handicapés. 505 chambres.

Rey Juan Carlos I €€€€ *Diagonal 661, tél. 93 364 40 40, fax 93 364 42 64, www.hrjuancarlos.com.* Cet énorme cinq étoiles prisé des hommes d'affaires se trouve dans le quartier financier, à l'extrémité ouest de la Diagonal. Il fournit toutes les prestations, pour les clients les plus exigeants : plusieurs excellents restaurants, piscine et centre de mise en forme. Accès handicapés. 505 chambres.

Restaurants recommandés

Manger au restaurant constitue pour les Barcelonais une activité sociale de première importance. La cuisine catalane est une des plus raffinées d'Espagne, et les restaurants lui font honneur, de façon rustique ou haute cuisine. L'éventail de restaurants catalans et espagnols de Barcelone, ainsi que ses bars à *tapas,* s'accompagnent d'un grand choix de restaurants internationaux, y compris des *fast food.* Les meilleurs quartiers gastronomiques sont dans la Ciutat Vella, qui regroupe le Barri Gòtic, La Ribera et El Born, les alentours de la Rambla, l'Eixample et le bord de mer près du Port Olímpic, qui a pris un essor remarquable tout récemment.

Les gens du pays déjeunent et dînent tard. Vous pouvez adopter leur rythme et avaler quelques *tapas* pour calmer votre faim, ou alors aller manger lorsque les restaurants ouvrent, quand seuls les visiteurs étrangers s'attablent. Les restaurants ferment entre le déjeuner et le service du soir. Ceux qui restent ouverts sont signalés ci-dessous.

Réservez votre table à l'avance, surtout dans les restaurants les plus chics. Les prix indiqués ci-dessous s'entendent par personne et à la carte (trois plats, vin du patron compris).

€€€€	plus de 60 euros
€€€	de 30 à 60 euros
€€	de 20 à 30 euros
€	moins de 20 euros

CIUTAT VELLA

Agut €-€€ *Carrer d'en Gignàs 16, tél. 93 315 17 09.* Ouvert tlj midi et soir (fermé en août). Ce petit restaurant, établi depuis soixante-quinze ans, se cache dans une ruelle du Barri Gòtic. Chaleureux et détendu, il sert des spécialités catalanes et des plats du jour : cannellonis faits maison, poisson, gibier, etc. Les plats de riz, excellents et copieux, sont à partager.

Agut d'Avignon €€€-€€€€ *Carrer de la Trinitat 3, tél. 93 302 60 34.* Ouvert tlj midi et soir (fermé en août). Ce restaurant rustique s'est établi il y a quarante ans dans une ruelle du Barri Gòtic. La cuisine catalane y est novatrice et généreuse, et l'ambiance détendue. Prix élevés. Superbe carte des vins.

Cal Pep €€-€€€ *Plaça de les Olles 8, tél. 93 310 79 62.* Ouvert lun-sam midi et soir. Ce bar animé de la Ribera, près de Santa María del Mar, est le meilleur de Barcelone pour les fruits de mer, frais et succulents, à condition d'y trouver une place. Pas de réservation. Il n'y a qu'une rangée de sièges au comptoir et quelques tables dans l'arrière-salle. Mieux vaut être au comptoir : l'étal de calmars, poulpes, moules et autres fruits de mer est superbe.

Can Culleretes €-€€ *Carrer d'en Quintana 5, tél. 93 317 30 22.* Ouvert mar-sam midi et soir, et dimanche midi. Ce restaurant, le plus vieux de Barcelone, prépare et sert une cuisine traditionnelle catalane depuis 1786 : *espinacs a la catalana* (épinards aux pignons et raisins secs), *butifarra* (saucisse), etc. Menus disponibles en semaine midi et soir.

Casa Leopoldo €€€ *Carrer de San Rafael 24, tél. 94 441 30 14.* Ouvert mar-sam midi et soir, et dimanche midi. Ce restaurant, meilleur secret du Barrio Chino sert des poissons excellents à un nombre croissant d'habitués.

Egipte € *Rambla 79, tél. 93 317 95 45.* Ouvert tlj midi et soir. Animé et bon marché, ce petit restaurant au décor égyptien sert de succulentes spécialités catalanes en portions généreuses.

El Gran Café €€-€€€ *Carrer d'Avinyó 9, tél. 93 318 79 86.* Ouvert lun-sam midi et soir. Ce restaurant ressemble à un *pub* anglais de l'extérieur, mais l'intérieur affiche un élégant style moderniste, avec de grands miroirs et un escalier recouvert de velours rouge. Optez pour le menu, car les plats à la carte sont chers.

Els Quatre Gats €€ *Carrer de Montsió 3, tél. 93 302 41 40.* Ouvert lun-sam midi et soir. « Les quatre chats », jadis lieu de rencontre de Picasso et ses amis, sert une cuisine catalane simple dans un fabuleux décor moderniste. Au menu, *tapas* ou *menú del dia*, mais c'est l'ambiance qui fait tout.

Hofman €€€€ *Carrer de l'Argentería 74, tél. 93 319 58 89*. Ouvert lun-ven midi et soir. Grande cuisine préparée par des chefs talentueux. Réservations indispensables. Cher mais la cuisine le mérite.

La Cassola € *Carrer de Sant Sever 3, tél. 93 318 15 80*. Ouvert lun-mer à midi, jeu-ven midi et soir. Ce restaurant de famille prépare une bonne cuisine catalane.

La Pizza Nostra € *Carrer de Montcada 29, tél. 93 319 90 58*. Ouvert mar-dim midi et soir. Ce petit restaurant convivial, à deux pas du Musée Picasso, propose tout un choix de pizzas et de pâtes, dont certaines sortent de l'ordinaire.

Los Caracoles €€-€€€ *Carrer d'Escudellers 14 ; tél. 93 302 31 85*. Ouvert tlj non-stop. « Les escargots » sont réputés pour le poulet cuit à la broche dehors, dans une des rues piétonnières les plus animés du vieux quartier. Pour atteindre la belle salle-à-manger, il faut traverser la cuisine toujours en effervescence. Los Caracoles date de 1835, et bien que très touristique, reste agréable. Au menu : poisson, gibier, poulet rôti, agneau et, bien sûr, des escargots.

La Cocotte Minute € *Passeig del Born 16, tél. 93 319 17 34*. Ouvert lun-sam midi et soir, et dimanche midi. Décor des années 1950 et bonne cuisine rurale, le tout à des prix très raisonnables.

Lluna Plena € *Carrer de Montcada 2, tél. 93 315 17 29*. Ouvert mar-sam midi et soir, et dimanche midi. Cadre agréable, cuisine bien préparée. Près du Musée Picasso.

Quo Vadis €€€€ *Carrer del Carme 7, tél. 93 302 40 72*. Ouvert lun-sam midi et soir. Ce restaurant est depuis longtemps un des favoris des Barcelonais, surtout des amateurs d'opéra (le Liceu est à deux pas). Il y a plusieurs petites salles-à-manger élégantes, l'ambiance est intime et détendue, et la carte espagnole résolument chic.

Restaurant España €-€€ *Carrer de San Pau 9, tél. 93 318 17 58.* Ouvert tlj midi et soir. Ce restaurant bon marché fait partie de l'hôtel España. La salle-à-manger fut aménagée par l'architecte moderniste Domènech i Montaner, et l'arrière-salle affiche des toiles de Ramón Casas, un contemporain de Picasso. Menu simple et pas cher midi et soir. Le cadre vaut la visite à lui seul.

Senyor Parellada €€-€€€ *Carrer de l'Argentaría 37, tél. 93 310 50 94.* Ouvert lun-sam midi et soir. Ce beau restaurant très prisé se trouve près de Santa María del Mar, dans la Ribera. Le menu catalan inventif s'accorde avec le cadre, élégant mais sans prétention.

Taxidermista €€ *Plaça Reial 8, tél. 93 412 45 36.* Ouvert mar-dim de midi à 2h du matin. Meilleur restaurant de la place, cet ancien atelier de taxidermie affiche un décor minimaliste et sert une cuisine imaginative. Le menu du jour (midi seulement) est particulièrement intéressant.

BORD DE MER — PORT OLÍMPIC

Agua €€-€€€ *Passeig Marítim 30, tél. 93 225 12 72.* Ouvert tlj midi et soir. Situé presque sur la plage, avec des tables dedans et à l'extérieur, Agua, moderne et attrayant, s'anime surtout au déjeuner. Réservez votre table, surtout si vous la voulez en terrasse. Excellents poissons, spécialités de riz (risottos) bien préparées, et plats végétariens imaginatifs.

Can Ganassa €€ *Plaça de la Barceloneta 4, tél. 93 221 67 39.* Ouvert mar-jeu midi et soir non-stop. Ce restaurant populaire, sur la place principale de la Barceloneta, prépare d'excellents plats de poisson et fruits de mer, ainsi que des *tapas* et des sandwiches.

Lungomare Ristorante €-€€ *Carrer de la Marina 16-18, tél. 93 221 04 28.* Ouvert lun-sam midi et soir, et dimanche midi (fermé en septembre). Ce restaurant sans prétention, qui donne sur le Port Olímpic et les yachts amarrés, propose tout un choix de pizzas et de pâtes, ainsi que du poisson et de la viande, simples et bons, et quelques plats plus exotiques.

Restaurante Set Portes €€€ *Passeig d'Isabel II 14, tél. 93 319 30 33.* Ouvert tlj midi et soir non-stop. Véritable institution à Barcelone, ce restaurant accueille repas d'affaires et occasions spéciales depuis 1836. Set Portes (sept portes) est réputé pour ses plats de riz, dont du calmar cuit dans son encre au riz noir, et tout un assortiment de *paellas*. Portions généreuses, élégantes salles-à-manger et serveurs attentifs, à l'ancienne.

Talaia Mar €€€ *Carrer de la Marina 16, tél. 93 221 90 90, www.talaia-mar.es.* Ouvert tlj midi et soir. Un des meilleurs exemples récents de la fascination de Barcelone pour le *design*, ce restaurant du Port Marítim possède une immense baie vitrée ouvrant sur le port. Au menu : spécialités méditérranéennes et de poisson, avec un poisson du jour grillé.

Travi Mar €€-€€€ *Maremàgnum, Moll d'Espanya, local 110, 1er étage, tél. 93 225 81 36.* Ouvert tlj midi et soir non-stop. Ce restaurant décoré selon un thème maritime prépare des poissons et fruits de mer sans surprise, classiques mais toujours excellents. La vue sur le port est splendide. Attractions pour les enfants à proximité.

Xiringuíto Escribà €€€ *Avinguda del Litoral 42, Platja Bogatell, tél. 93 221 07 29.* Ouvert mar-jeu à midi, ven-dim midi et soir. Beaucoup de poisson et de plats de riz créatifs dans ce restaurant de famille pragmatique, au bord de la plage. Comme cette famille est aussi propriétaire de la pâtisserie Escribà, réputée pour ses gâteaux et ses chocolats, les desserts sont absolument délicieux.

EIXAMPLE

Botafumeiro €€€€ *Carrer Gran de Gràcia 81, tél. 93 218 42 30.* Ouvert tlj midi et soir non-stop. C'est le meilleur restaurant de poisson de Barcelone et, dit-on, le préféré du roi d'Espagne. Spacieux, informel et animé, il reçoit un arrivage quotidien de poisson et de fruits de mer frais en provenance de la contrée natale du patron, la Galice. Vous y trouverez d'excellentes *tapas* de poisson et coquillage (en faisant attention, vous limiterez ainsi vos dépenses). Pour trouver une place au comptoir de fruits de mer, allez-y en dehors des heures de pointe, avant que les Barcelonais sortent manger, de midi à 13h et de 19h à 20h le soir. Il se trouve au nord de la Diagonal, à l'entrée du quartier de Gràcia.

Casa Calvet €€€-€€€€ *Carrer de Casp 48, tél. 93 412 40 42.* Ouvert lun-sam midi et soir. Aménagé au premier étage de l'un des premiers immeubles de Antoni Gaudí, Casa Calvet respire une élégance très moderniste. Le service est irréprochable, et les tables bien séparées les unes des autres. Quelques-unes occupent des alcôves privées. L'excellente carte catalane est à un prix raisonnable.

La Dolça Hermínia €€ *Carrer de les Magdalenes 27, tél. 93 317 06 76.* Ouvert tlj midi et soir. Ce restaurant propose une cuisine de marché imaginative à des prix très raisonnables.

Jaume de Provença €€€ *Carrer de Provença 88, tél. 93 430 00 29.* Ouvert mar-sam midi et soir, et dimanche midi. Il s'agit d'un des meilleurs restaurants de cuisine nouvelle, et sa popularité s'accroît en conséquence. Spécialités internationales.

Madrid-Barcelona € *Carrer d'Aragó 282, tél. 93 215 70 26.* Ouvert tlj midi et soir. Situé à côté du Passeig de Gràcia, ce restaurant agréablement désuet propose un bon choix de spécialités catalanes et espagnoles.

Mordisco En Casa € *Carrer del Rosselló 265, tél. 93 415 76 76.* Ouvert tlj matin, midi et soir non-stop. Situé près des immeubles modernistes et des boutiques de l'Eixample, Mordisco est pratique pour un déjeuner rapide. Nombreux sandwiches, mais aussi des plats plus élaborés. Convivial et efficace.

Taktika Berri €€–€€€ *Carrer de València 169, tél. 93 453 47 59.* Ouvert tlj midi et soir non-stop. Le Pays basque produit la meilleure cuisine régionale d'Espagne, d'où l'explosion de restaurants basques partout dans le pays. Aménagé dans un ancien atelier textile, ce restaurant et bar à *tapas* est un des meilleurs de Barcelone. Les *pintxos (tapas)* sont excellents, de même que les entrées originales. Goûtez aussi les succulents desserts.

Tragaluz €€€ *Passatge de la Concepció 5, tél. 93 487 01 96.* Ouvert tlj midi et soir. La passion de Barcelone pour la gastronomie se concrétise dans ce restaurant branché d'une allée étroite en retrait du Passeig de Gràcia. La cuisine y est créative, avec une sélection de plats allégés ou végétariens. Il y a aussi un restaurant à *sushi* en bas.

TAPAS

Bar Pinotxo € *Mercat de la Boqueria, Rambla.* Ouvert tlj matin et midi. Ce bar minuscule et sans grand attrait s'ouvre au cœur des produits alléchants de la Boqueria. C'est l'endroit idéal où s'arrêter si, au cours de vos visites ou de votre shopping, votre estomac commence à gargouiller. Le poisson est bien sûr incroyablement frais. Une carte du déjeuner est disponible, mais comme elle est récitée par le serveur, mieux vaut connaître quelques mots d'espagnol !

Bar Turó € *Carrer del Tenor Viñas 1, Parc Turó, tél. 93 200 69 53.* Ouvert tlj midi et soir, *tapas* non-stop. Ce bar à *tapas* caché dans le quartier résidentiel huppé du nord de la Diagonal est réputé dans toute la ville. Menu du jour bon marché (midi seulement).

El Xampanyet € *Carrer de Montcada 22, tél. 93 319 70 03.* Ouvert tlj le soir seulement. Proche du Musée Picasso et de El Born, ce bar spécialisé dans le *cava* (d'où son nom, le mot catalan pour champagne) propose quelques-unes des meilleures *tapas* de la ville, notamment aux anchois.

Euskal Etxea € *Placeta de Montcada 1-3, tél. 93 310 21 85.* Ouvert mar-sam midi et soir, et dimanche soir. Un excellent bar à *tapas* basque, qui propose un choix exceptionnel et s'est rapidement établi une solide réputation. Son emplacement, sur une jolie place entre Santa María del Mar et le Musée Picasso, y fait beaucoup.

Irati € *Carrer del Cardenal Casañas, 17, tél. 93 200 69 53.* Ouvert mar-dim midi et soir. Cette taverne basque extrêmement populaire, située entre la Rambla et le Barri Gótic, est toujours pleine. A midi et en début de soirée, des plateaux débordant de *tapas* (*pintxos* en basque) sont déposés sur le bar. C'est un peu comme une soirée, sauf que vous devrez vous souvenir du nombre de *tapas* et de verres de vin ou de bière que vous avez consommés. Les serveurs calculeront le total pour vous avant que vous partiez.

La Bodeguita € *Rambla de Catalunya 100, tél. 93 215 48 94.* Ouvert mar-dim midi et soir. Il est facile de passer devant cette simple *bodega*, à côté de la boutique de mode de Toni Miró, sans la remarquer. Les habitués entrent à toute heure de la journée pour y manger du *jamón serrano* arrosé de vin de Rioja. Bon choix de vins. Pas de cartes bancaires.

VEGETARIEN

Biocenter € *Carrer del Pintor Fortuny 25, tél. 93 302 35 67.* Ouvert lun-sam à midi. Portions généreuses et ambiance conviviale.

Comme Bio € *Via Laietana 28, tél. 93 319 89 68.* Ouvert tlj midi et soir. Buffet illimité ou service normal de restaurant. Cuisine à partir d'ingrédients biologiques.

La Flauta Mágica € *Carrer dels Banys Vells 18 et Carrer de Mirallers 11, tél. 93 268 46 94.* Ouvert lun-sam le soir seulement. Ce restaurant végétarien est aussi ouvert à d'autres genres et propose notamment des viandes issues de l'agriculture biologique.

Juicy Jones € *Carrer del Cardenal Casañas 7, tél. 93 219 82 13.* Ouvert tlj midi et soir non-stop. Juste en retrait de la Rambla. Bons plats végétariens et végétaliens, excellents jus de fruits frais.

La Buena Tierra € *Carrer de l'Encarnació 56, tél. 93 219 82 13.* Ouvert lun-sam midi et soir. Ce doyen des restaurants végétariens de Barcelone s'avère bien pratique si la faim vous saisit pendant une visite à la Sagrada Família. Soupes et bons plats à base de champignons. Il y a un joli jardin.

L'Hortet € *Carrer del Pintor Fortuny 32, tél. 93 317 61 89.* Ouvert lun-mer à midi, jeu-dim midi et soir. Salades, soupes, pâtes et pizzas, ainsi qu'un menu du soir.

INDEX